Petra Teetz

Weihnachts-bäckerei

die besten Trends
und Klassiker

Ulmer

Heute back ich

Welche Zutaten brauche ich?
Was würzt weihnachtlich?
Wie verziere ich geschickt?
Alles rund um Zutaten, Küchenhelfer, Teig, Deko & Co. erfahren Sie hier.

9

Stollen, Früchtebrot & Adventskuchen

Die Weihnachtsbäckerei startet mit Großformatigem. Denn Stollen und Früchtebrot wollen in Ruhe durchziehen. Wer's nicht abwarten kann, bäckt einen leckeren Adventskuchen.

35

Lust auf Lebkuchen

Egal, ob mit oder ohne Oblaten: Lebkuchen sind zu Weihnachten ein Muss. Treten Sie ein in die Lebkuchenwunderwelt und entdecken Sie das traditionsreiche Gebäck ganz neu.

Der Wink mit dem Rührlöffel

An diesen Symbolen erkennen Sie sofort den Schwierigkeitsgrad der Rezepte:

- Gelingt leicht, für Einsteiger
- Etwas Backerfahrung erforderlich
- Aufwendig, für Geübte

Ausgestochen & gespritzt

Ausstechen, füllen oder spritzen – mit butterzartem Mürbeteig können Sie so ziemlich alles machen. Lassen Sie sich überraschen von der Vielfalt der kleinen, feinen Teilchen.

Gerollt & sanft geschlungen

Förmchen beiseite, für diese Plätzchen brauchen Sie nur Ihre bloßen Hände. Rollen, biegen und schlingen Sie nach Herzenslust köstliche Kugeln, Kipferln und Brezeln.

Schön schnittig

Zuerst einen großen Kuchen auf dem Blech backen und diesen dann in mundgerechte Häppchen schneiden. So haben Sie mit wenig Aufwand ganz viele Plätzchen. Absolut perfekt für Eilige.

Tipp

Wie gelingt mir endlich Baiser?
Was ist der Unterschied zwischen Pottasche und Hirschhornsalz?
Wie bewahre ich die Leckereien richtig auf?
In der Backstube gibt es jede Menge Tricks und Kniffe, die meist nur mündlich weitergegeben werden.
Wir sagen Ihnen die besten Tipps weiter!

Gebackener Schaum

Zart wie ein Kuss: Eierschaumgebäck, Baiser und Makronen dürfen auf dem bunten Teller nicht fehlen. Wir zeigen Ihnen klassische Schäume und trendige Makronenträume.

Auf den letzten Drücker

Kurz vor dem Fest noch rasch ein paar Plätzchen backen. Das gelingt mit schnellen Rezepten für Gebäck und Konfekt. Fehlt noch ein Geschenk? Dann backen Sie doch fix eines.

Service

Alle Jahre wieder

... erfasst etwa ab dem Martinstag Mitte November eine freudige Betriebsamkeit viele Hobbybäckerinnen und Backfans. Denn ein Höhepunkt des Backjahres naht: die Weihnachtsbäckerei. Was backe ich denn dieses Jahr zu Weihnachten? Die altbewährten Butterplätzchen von Oma, einen Stollen oder mal etwas aufregend Neues? Was mögen die Kinder gerne, was geht schnell, was macht nicht so dick? Und schon blättern sie in ihren mehr oder weniger umfangreichen Rezeptsammlungen.

Willkommen in der Weihnachtsbäckerei

Je nach Region heißen sie Brötle, Gutsle, Läuble, Platzerl, Plätzle, Guetzli oder Kekserln, die Weihnachtsplätzchen. Und ebenso vielfältig wie die Bezeichnungen für diese, laut Duden, „kleinen, flachen Kuchen" sind auch die Rezepte dafür, die sich im Lauf der Zeit in den einzelnen Gegenden entwickelt haben. Doch damit ist die Weihnachtsbäckerei noch lange nicht erschöpft. Zur Wahl stehen außerdem Stollen, Lebkuchen, Früchtebrot und vieles mehr. Und die besten Stückchen gibt's natürlich nur selbst gemacht.
Plätzchen kaufen kann jeder, selber backen aber nur Sie. Gönnen Sie sich den Luxus und das sinnliche Erlebnis. Denn nur Gebäck aus dem eigenen Herd riecht und schmeckt so unvergleichlich nach Weihnachten.
Begleiten Sie uns auf einem bunten Streifzug durch die vorweihnachtliche Backstube.
Es gibt viel zu entdecken: feine Stollen, leckere Plätzchen, würzige Lebkuchen, festliche Kuchen, alte und neue Rezepte, Klassisches und Trendiges, Regionales und Internationales und dazu noch Vergnügliches, Wissenswertes und Praktisches außenrum. Viele Gebäckspezialitäten haben eine besondere Entstehungsgeschichte oder besitzen eine versteckte Symbolik, von der wir heute gar keine Ahnung mehr haben. Damit wird Ihr bunter Teller erst so richtig schön bunt. Außerdem gibt's einen Backkalender für die vorweihnachtliche Backplanung und so mancher Tipp macht das Backleben einfach leichter. Vielleicht erinnern Sie sich beim Lesen dieses Buches ja an ein Rezept, das Sie einmal von Ihrer Oma, einer Tante, Ihrer Nachbarin oder von einer Freundin bekommen haben. Denn die besten Rezepte werden auch heute noch von Hand zu Hand weitergegeben – trotz Internet und Backzeitschriften. Oft sind solche handgeschriebenen Rezepte dann irgendwann wertvolle Erinnerungsstücke an liebe Menschen.
In diesem Sinne danke ich allen meinen Bekannten quer durch die Republik, die mir ihre besten Backrezepte zur Verfügung gestellt haben. Da sind echte Schätze dabei.
Und jetzt lassen Sie sich verführen von Kipferln, Zimtsternen & Co. Ich wünsche Ihnen viel Spaß beim Lesen und Backen.

Herbst 2009
Petra Teetz

Weihnachtsgebäck – die besten Stückchen gibt's nur selbst gemacht.

Heute back ich

Nur zu, Weihnachten naht. Buttergebäck, Makronen, Stollen & Co. warten jetzt nur darauf geknetet, geformt und gebacken zu werden. Ohne diese süßen Leckereien wäre die Adventszeit nur halb so schön. Und für köstliches Gebäck braucht es gar nicht viel. Schon mit wenigen, aber hochwertigen Zutaten lassen sich kleine Genüsse zaubern.

Die Zutaten

In unserer kleinen Warenkunde finden Sie die wichtigsten Zutaten fürs Weihnachtsbacken. Für alle gilt gleichermaßen: Wählen Sie Ihre Zutaten mit Bedacht aus, denn das Gelingen Ihres Gebäcks hängt maßgeblich von deren Qualität ab. Achten Sie also beim Einkauf auf einwandfreie Ware und auf das Haltbarkeitsdatum.

Mehl

Die wohl wichtigste Zutat überhaupt. Feines Weihnachtsgebäck wird hauptsächlich mit hellem Weizenmehl der Type 405 gebacken. Diese Mehlart nimmt viel Flüssigkeit, Ei und Fett auf und verbindet die Zutaten zu einem glatten, gleichmäßigen und formbaren Teig. Soweit nicht anders angegeben, benötigen Sie dieses Mehl für unsere Rezepte. Aber auch Dinkelmehl der Type 630 ist gut geeignet. Es besitzt einen fein nussigen Geschmack und ist ernährungsphysiologisch gesehen sogar wertvoller. Vollkornmehl oder Mehl der Type 1050 werden gerne für dunkle, würzige Teige und für Vollkorngebäck eingesetzt. Als Faustregel gilt: Je höher

Egal, ob Bioladen oder Supermarkt: Achten Sie beim Einkauf auf einwandfreie und frische Zutaten.

die Typenzahl, desto mehr Vitamine, Mineral- und Ballaststoffe enthält das Mehl. Manchmal wird auch Speisestärke ins Mehl gemischt. Dieses Pulver aus Mais oder Kartoffeln macht den Teig besonders fein, mürbe und zart.

» Mehl immer trocken, kühl und dunkel aufbewahren. Vollkornmehl zügig verbrauchen. Es enthält neben vielen wertvollen Inhaltsstoffen auch den fetthaltigen Keimling und wird deswegen leicht ranzig.

Backtriebmittel

Sie lockern den Teig, lassen ihn aufgehen und machen ihn leichter verdaulich. Je nach Teigart stehen verschiedene Triebmittel zur Wahl. Backpulver eignet sich als Allrounder für fast alle Teige. Es ist geschmacksneutral und wird einfach ins Mehl gemischt. Doch Achtung: Zu viel Backpulver lässt das Gebäck seifig schmecken und nach dem Backen zusammenfallen. Halten Sie sich deshalb an die im Rezept angegebene Menge. Das im Backpulver enthaltene Natron wird auch allein als Lockerungsmittel für besonders schwere Teige verwendet. Hirschhornsalz lässt Flachgebäck, z.B. Lebkuchen, in die Höhe gehen. Für hohes Gebäck empfiehlt es sich nicht, da sein Ammoniakgeschmack im Gebäck bleibt. Auch Pottasche setzt man vor allem bei Lebkuchenteig ein. Das geruchlose Salz wird am besten mit Eiweiß angerührt und lässt den Teig in die Breite gehen. Es erledigt seine Arbeit im rohen Teig, deshalb müssen solche Teige vor dem Backen längere Zeit ruhen. Die lebendigen Zellen der Hefe vermehren sich im Kontakt mit Feuchtigkeit, Wärme und Zucker oder Stärke und bilden Gärgase. Diese lassen den Teig aufgehen, machen ihn locker und schmackhaft. Hefe gibt's frisch als Würfel (42 g) oder als Trocken- bzw. Instanthefe in Tütchen.

» Backpulver & Co. kühl, trocken und nicht zusammen mit stark duftenden Gewürzen lagern. Hirschhornsalz zersetzt sich an der Luft und muss deshalb in gut verschlossene Behälter. Frische Hefe bleibt im Kühlschrank ca. 2 Wochen frisch.

Zutaten früher

Wir haben es heute leicht, denn wir können alles gebrauchsfertig und handlich abgepackt kaufen. Die Bäckerinnen früherer Zeiten hingegen hatten ihre liebe Not mit den Zutaten. Noch vor rund 200 Jahren war Backen mit einem hohen Arbeitsaufwand verbunden. Da gab es nichts gemahlen, geschnitten oder gehackt. Den Zucker kaufte man als Zuckerhut oder als Brocken, Nüsse und Mandeln waren noch in der Schale und die Rosinen musste man verlesen und entstielen. Häufig war die ganze Familie tagelang mit der Vorbereitung der Zutaten beschäftigt, bis die Hausfrau endlich mit dem eigentlichen Backen loslegen konnte. Und teuer war's obendrein. Die Weihnachtsbäckerei war purer Luxus und fand wohl hauptsächlich in den Küchen der reichen Bürger statt. Die ärmeren Schichten kauften sich das Weihnachtsgebäck beim Bäcker – wenn ihr Geldbeutel es gerade erlaubte.

Fette

Fett macht den Teig saftig, mürbe und aromatisch. Besonders Butter lässt Gebäck unvergleichlich fein schmecken und duften. Bisweilen wird – besonders in alten Rezepten –auch Schweineschmalz verwendet. Es macht den Teig besonders mürbe und lange haltbar. Wenn Sie nicht mit Schmalz backen möchten, tauschen Sie es einfach 1 : 1 gegen Butter aus. Wo es nicht unbedingt auf den Buttergeschmack ankommt, können Sie natürlich auch mit Margarine backen. Verwenden Sie jedoch feste Backmargarine, in fettreduzierter Margarine ist der Wasseranteil zu hoch. Auch Halbfettbutter eignet sich nicht zum Backen. Für Quark-Öl-Teig ist geschmacksneutrales Pflanzenöl ein Muss.

» Butter und Margarine werden immer zimmerwarm verarbeitet – mit Ausnahme von Mürbeteig. Daher rechtzeitig aus dem Kühlschrank nehmen.

Weißes Gold

Bis ins 19. Jahrhundert kannte man in Europa nur Rohrzucker. Das „weiße Gold" kam aus Übersee und war für Normalbürger einfach unerschwinglich. Sie süßten mit Honig. Erst als es dem deutschen Chemiker Franz Carl Achard 1801 gelang, Zucker aus heimischen Rüben herzustellen, sank der Zuckerpreis und die kristalline Süße wurde auch auch für einfache Leute erschwinglich.

Eier

Sie festigen die Krume des Gebäcks. Eigelb verbindet im Teig die Zutaten, geschlagenes Eiweiß lockert den Teig, besonders bei Makronengebäck. Und auch der klassische Zuckerguss wird mit Eischnee zubereitet. Verwenden Sie nur frische Eier. Frisches Eigelb bindet besser, frisches Eiweiß lässt sich besser steif schlagen. Wenn nicht anders angegeben, benötigen Sie für unsere Rezepte Eier der Größe M.

Zucker & Co.

Zucker bringt Süße ins Gebäck. Am gebräuchlisten ist weißer Kristallzucker (Raffinade) aus Zuckerrüben, der sich perfekt im Teig löst. Brauner Zucker (Farinzucker) bringt zusätzlich ein feines Karamellaroma in dunkle, würzige Teige und Lebkuchen. Auch Rohrzucker (Sucanat) aus Zuckerrohr gibt zusätzliches Aroma. Staubfein gemahlener Puderzucker verziert Gebäck pur oder als Glasur, macht Mürbeteige besonders geschmeidig und gibt Baiser Bindung. Sehr dekorativ wirkt der grobkörnige Hagelzucker.
Alternativen zum kristallinen Zucker sind Honig, Sirup oder Dicksaft. Sie geben dem Teig würzige Süße und sind bei einigen traditionellen Rezepten sowie bei Vollwertgebäck sogar Pflicht. Diese Süßungsmittel machen das Gebäck jedoch etwas weicher und süßen bei gleicher Menge weniger als Zucker.

Nuss & Mandelkern

Ob ganz, gehackt, gemahlen oder gehobelt: Nüsse und Mandeln sind Stars in der Backstube. Sie verfeinern Teige und Füllungen oder verzieren Gebäck. Neben heimischen Wal- und Haselnüssen kommen auch Kokosflocken, Macadamia-, Pekan- und Cashewnüsse, Pinienkerne oder Pistazien zum Einsatz. Gerne übersehen wird der gesundheitliche Aspekt von Nüssen. Mit ihren vielen Mineralstoffen, Vitaminen und wichtigen Fettsäuren machen sie jedes Nussplätzchen zum wertvollen Happen. Doch Achtung: Nüsse sind durch ihren Fettgehalt nur begrenzt haltbar.

» Ihr volles Aroma entfalten Nüsse nur frisch gemahlen. Kaufen Sie also ganze Nusskerne und mahlen Sie diese erst kurz vor der Verwendung. Mandeln müssen für manche Rezepte blanchiert und abgezogen werden (siehe Seite 98).

Marzipan

Die geschmeidige und formbare Marzipanrohmasse besteht aus Mandeln und Zucker. Sie besitzt einen kräftigen Mandelgeschmack und wird gerne für Teige, Füllungen und Beläge verwendet. Der Handel führt sie zu Blöcken geformt, als ausgerollte Platten oder als Dekorationsmotive.

Schokolade

Was wäre die Weihnachtsbäckerei ohne Schokolade! Die dunkle Wonne besteht aus gemahlener Kakaomasse, Zucker und Sahne oder Milch. Je höher der Kakaobohnenanteil, desto dunkler die Schokolade. So besitzt Edelbitterschokolade mindestens 60 %, Zartbitter- und Halbbitterschokolade mindestens 50 % und Vollmilchschokolade mindestens 30 % Kakaobestandteil. Weiße Schokolade enthält nur Kakaobutter, Zucker und Sahne oder Milch. Schokolade wird geschmolzen, gerieben, als Raspel oder Tröpfchen für Teige und Füllungen verwendet. Kuvertüre enthält mehr Kakaobutter als Schokolade. Das macht sie leicht schmelzbar, schön fließend und zum Überziehen von Gebäck ideal (siehe Seite 27). Weiße, Vollmilch-, Halb- und Edelbitterkuvertüre verfeinern jedoch auch Teige und Füllungen. Kakaopulver ist die entölte und gemahlene Kakaomasse. Kakao aromatisiert Teig und färbt ihn dunkel oder wird als Deko über Gebäck gestäubt.

Früchte

Zum Aromatisieren von Teigen und Glasuren wird häufig der Saft oder die Schale von frischen Orangen oder Zitronen benötigt. Wenn Sie die Schale verwenden, bitte unbedingt Bio-Früchte kaufen. Nur die sind unbehandelt. Beliebte Zutaten sind auch getrocknete Früchte wie Aprikosen oder Sultaninen. Kaufen Sie hier nur ungeschwefelte Ware. Kandierte Früchte für Füllungen, Teige oder Garnituren gibt's als Stücke oder schon fein geschnitten. Neben den Klassikern Orangeat und Zitronat führt der Handel auch Exoten wie Ananas und Mango.

Backoblaten

Sie sind die perfekte Unterlage für Makronen, Lebkuchen und Baiser. Die geschmacksneutralen, hauchdünnen Plättchen aus Mehl und Wasser gibt's in verschiedenen Durchmessern sowie als rechteckige Platten.

Weihnachtliches Würzwerk

Ohne sie wäre unser Weihnachtsgebäck fade und geschmacklos. Aber Nelken, Zimt und Kollegen lassen Gebäck nicht nur würzig duften und verführerisch schmecken. Nein, sie können noch mehr: In der dunklen Winterzeit schmeicheln sie den Sinnen, hellen unsere Stimmung auf und wärmen den Körper. Grund genug sie in feines Gebäck zu verpacken. Aus der großen Familie der Gewürze gehören besonders die folgenden traditionell zur Weihnachtsbäckerei.

Anis & Sternanis

Anis stammt aus dem Mittelmeerraum und ist ein klassisches Weihnachtsgewürz. Die sichelförmigen, graubraunen Samenkörner des „süßen Kümmels“ besitzen ein intensives Aroma und schmecken würzig süß und leicht nach Lakritz. Bei uns wird Anis als ganzer Samen oder gemahlen angeboten und auch in beiden Formen als Backzutat verwendet. Aus Südchina kommt der Sternanis. Die sternförmigen Samenfrüchte des Sternanisbaums ähneln zwar mit ihrem warmen, süßen

Feine Gewürze geben Gebäck Aroma und die ganz besondere weihnachtliche Note.

Geschmack dem europäischen Anis, sind aber im Aroma viel intensiver. Sternanis wird gemahlen zum Backen und im Ganzen zum Verzieren verwendet.
Ideal für: Anisplätzchen, Springerle, Lebkuchen, Printen.

Gewürznelken (Nelken)

Nelken sind die noch nicht aufgesprungenen Blütenknospen des tropischen Gewürznelkenbaums. Sie werden nach der Ernte getrocknet und sind ganz oder gemahlen im Gewürzregal zu finden. Nelken duften aromatisch süß und warm, im Geschmack sind sie feurig und scharf würzig. Da Nelken in Farbe und Form Nägeln gleichen, heißen sie in alten Rezepten oft „Nägelein".
Ideal für: Spekulatius, Lebkuchen, Printen, Früchtebrot.

Ingwer

Die knollige Wurzel der tropischen Ingwerpflanze gibt es frisch, getrocknet und gemahlen, kandiert oder in Sirup eingelegt. Frischer Ingwer duftet zitronig frisch und holzig und besitzt einen intensiven, scharf fruchtigen Geschmack. Beim Trocknen, Kandieren und Einlegen verliert er seine Schärfe jedoch. Gebäck bekommt mit Ingwer eine exotische Note. Kandiert eignet er sich gut zum Verzieren.
Ideal für: Makronen, Honigkuchen.

Kardamom

Die getrocknete Kapselfrucht einer tropischen Pflanze aus der Ingwerfamilie wird bei uns ganz oder gemahlen angeboten. Das Gewürz besitzt einen frischen, fein zitronigen Duft und einen süßlichen, kräftig brennenden Geschmack. Kaufen Sie Kardamom am besten als ganze getrocknete hellgrüne Kapseln, denn gemahlen verliert er schnell sein Aroma. Die Kapseln dann vorsichtig öffnen, die Samen herauslösen und im Mörser zerdrücken.
Ideal für: Spekulatius, Lebkuchen, Christstollen.

Koriander

Die hellbraunen Samenkörnchen der Doldenpflanze aus dem Mittelmeerraum haben ein mild würziges Aroma und einen süßlich scharfen, orangenartigen Geschmack. Sie sind ganz oder gemahlen im Gewürzregal zu finden.
Ideal für: Gewürzgebäck, Spekulatius, Lebkuchen, Printen.

Muskat

Die tropische pfirsichähnliche Muskatfrucht bietet uns gleich zwei Gewürze: Ihren Kern als Muskatnuss und den

Tipp

Sensible Naturen

Gewürze sind empfindliche Naturprodukte. In Pulverform verlieren sie schnell an Aroma. Deshalb am besten unzerkleinert kaufen und erst kurz vor der Verwendung mahlen oder im Mörser zerstoßen. Wenn Sie doch ein Gewürz gemahlen kaufen, dann nur in kleinen Mengen. Gewürze lagert man luftdicht, kühl und dunkel. So sind sie ungemahlen ca. 2 Jahre und gemahlen maximal 1 Jahr haltbar.

ihn umgebenden roten Samenmantel als Muskatblüte (Macis). Sie haben ein intensives Aroma und geben Gebäck eine süßlich würzige, leicht scharfe Note. Dabei ist die Muskatblüte milder und feiner im Geschmack als die Muskatnuss. Beides gibt's ganz oder gemahlen im Handel. Die Nüsse zerkleinern Sie mit einer Muskatreibe.
Ideal für: Lebkuchen, Christstollen und dunkles Gebäck.

Piment

Die getrockneten Beerenfrüchte des tropischen Pimentbaumes heißen auch „Nelkenpfeffer" oder „Allgewürz". In Aroma und Geschmack erinnern sie an Nelken, Muskat und Zimt. Die Beeren sind ganz oder gemahlen erhältlich.
Ideal für: Schokogebäck, Lebkuchen.

Vanille

Süß, weich und angenehm – so sind Duft und Geschmack von Vanille. Das Gewürz steckt im schwarzen Mark der Vanilleschote, die Frucht einer Kletterorchidee. Grün und geschmacklos geerntet, wird sie erst durch Fermentation und Trocknen zu der dunklen, duftenden Schote, die wir kennen. Ganze Vanilleschoten werden meist in Glasröhrchen angeboten. Zum Backen verwendet man das Mark. Dafür die Schote längs aufschlitzen und die winzigen Samenkörnchen mit einem Messer herausschaben.
Vanillezucker ist eine Mischung aus fein gemahlener Vanille und Kristallzucker. Bei Vanillinzucker ersetzt künstlich hergestelltes Vanillin-Aroma die Vanille.
Ideal für: feines, helles Weihnachtsgebäck.

Zimt

Mit seinem feinwürzig warmem Aroma und seinem süßlich scharfem Geschmack ist Zimt das wohl wichtigste Weihnachtsgewürz. Wir kennen die getrocknete Innenrinde des Zimtbaums als Stangen oder fein gemahlen. Auf dem Markt sind zwei Sorten: der mildere und teurere Ceylon-Zimt und der kräftige und günstigere chinesische Cassia-Zimt. Doch Zimt ist in die Schlagzeilen geraten als man 2006 in Cassia-Zimt hohe Dosen des leberschädigenden Cumarin entdeckte. Vorsicht also bei der Wahl der Zimtsorte. Greifen Sie immer zum hochwertigeren Ceylon-Zimt. Er gilt nach Ansicht des Bundesinstituts für Risikobewertung als unbedenklich.
Die beiden Sorten sicher zu unterscheiden ist bei Stangenzimt kein Problem: Bei Ceylon-Zimt sind mehrere feine Rinden zu einer Stange zusammengerollt, bei Cassia-Zimt ist nur eine dicke Rindenschicht zu einem Röllchen gedreht. Bei Zimtpulver dagegen ist es dem Verbraucher oft nicht möglich, aus der Packungsaufschrift die Zimtsorte zu erkennen. Gemahlenen Zimt deshalb lieber dort kaufen, wo er eindeutig deklariert ist: in Bioläden, Reformhäusern oder Apotheken.
Ideal für: Zimtsterne, Lebkuchen und würziges Gebäck.

Tipp

Vanillezucker selber machen

Ausgeschabte Vanilleschoten nicht einfach wegwerfen. Damit können Sie prima Zucker aromatisieren. Die Schote mit 100 g Zucker in ein Schaubglas füllen und 1 Woche durchziehen lassen. Dabei ab und zu umrühren. Alternativ Schote und Zucker im Blitzhacker fein zerkleinern. Durchsieben, in ein Glas füllen.

Das passende Handwerkszeug

Anfänger wie Profis brauchen in der Weihnachtsbackstube die passenden Küchen- und Backgeräte. Damit geht das Backen einfach leichter und flotter von der Hand – und Sie haben viel mehr Spaß dabei und freuen sich über gelungenes Gebäck. Lassen Sie Ihren Blick mal durch die Küche schweifen: Manche der vorgestellten Backhelfer haben Sie schon, bei anderen lohnt sich die Anschaffung.

Backhelfer auf einen Blick

Zum Vorbereiten der Zutaten

Blitzhacker oder Mandelmühle	zum Mahlen von Nüssen und Mandeln
Küchenwaage und Messbecher	zum genauen Abwiegen bzw. Abmessen der Zutaten
Teelöffel- und Esslöffel	zum Abmessen sehr kleiner Mengen
Mörser	zum Zerkleinern von Gewürzen
Reibe	zum Abreiben von Zitrusschalen und zum Raspeln von Schokolade

Mal warm, mal kalt.
Mal geknetet, mal gerührt:
Jeder Teig will richtig behandelt werden.

Für den Teig

Handrührgerät oder Küchenmaschine	mit je zwei Rührbesen und Knethaken
Rührschüssel	zur Teigzubereitung sowie zum Schlagen von Eischnee
Schneebesen	zum Schlagen von Cremes und zum Unterheben z.B. von Eischnee
Rührlöffel	zum Mischen verschiedener Zutaten
Teigschaber	zum Umfüllen und Verstreichen von Teig

Zum Formen & Ausstechen

Arbeitsfläche	saubere Fläche zum Verkneten, Bearbeiten und Ausrollen von Teig, z.B. Küchen-Arbeitsplatte, Backbrett
Nudelholz	zum gleichmäßigen Ausrollen von Teig
Palette oder breites Messer	zum Lösen angeklebter Teige. Eignet sich auch zum Bestreichen von Teigen oder zum Umsetzen von Plätzchen
Plätzchenausstecher	in verschiedenen Größen und Motiven
Model	mit weihnachtlichen Motiven zum Formen von Gebäck
Spritzbeutel oder Gebäckspritze	mit verschiedenen Tüllen zum Spritzen von Teigen sowie zum Verzieren von Gebäck
Teigrädchen	zum Schneiden von ausgerolltem Teig

Zum Backen

Backbleche	zwei Bleche zum fortlaufenden Backen
Backformen	Gugelhupf-, Spring- und Kastenform sowie ein Muffinblech
Holzstäbchen	für die Garprobe bei Rührkuchen und Muffins
Kuchengitter oder Backrost	zum fachgerechten Auskühlen von Gebäck
Kurzzeitwecker	zum Einhalten der genauen Backzeiten

Zum Dekorieren

Backpinsel	in verschiedenen Breiten zum Bestreichen von Gebäck, zum Auftragen von Glasuren und zum Einfetten von Backformen
Haarsieb oder Mehlsieb	zum Bestäuben von Gebäck mit Puderzucker oder Kakao sowie zum Sieben von Mehl und Speisestärke

Und sonst noch

Alufolie	zum Formen von Rändern bei halb belegten Backblechen, zum Abdecken im Ofen sowie zum Aufbewahren von Gebäck
Backpapier	zum Belegen der Backbleche und zum zügigen Wechsel beim Backen
Butterbrotpapier	zum lagenweisen Einschichten von Gebäck in Dosen
Dosen	zum Aufbewahren von Gebäck
Frischhaltefolie	zum Einwickeln von frisch geknetetem und zum Ausrollen von feinem Teig
Küchenhandtuch	zum Abdecken von Hefeteig
Schüsseln	in verschiedenen Größen zum Mischen, Rühren und Schmelzen

Die besten Weihnachtsteige

In der Weihnachtsbackstube sind viele Teige zu Hause: Hefeteig für Stollen, würziger Lebkuchenteig, feiner Mürbeteig oder luftige Eiweißmasse für Makronen. Jeder Teig stellt spezielle Anforderungen bei der Zubereitung. Unsere kleine Teigkunde stellt Ihnen die einzelnen Teigarten kurz vor und erklärt, worauf Sie achten müssen. So werden Sie schnell Ihren Lieblingsteig entdecken.

Hefeteig – in Ruhe gereift

Hefeteig ist beim Weihnachtsbacken nicht sehr häufig anzutreffen, aber für klassische Stollen ist er ein Muss. Der lockere Teig mit dem besonderen Aroma aus den Grundzutaten Mehl, Butter, Zucker und Hefe erfordert etwas Erfahrung. Deshalb haben viele einen Heidenrespekt davor. Völlig unbegründet! Besonders wichtig für diesen Teig sind Wärme und Zeit. Wenn Sie die Hefe richtig behandeln und dem Teig nach dem Verkneten der Zutaten ausreichend Ruhe gönnen, kann eigentlich nichts schief gehen. Zutatenreichen Stollenteig bereiten Sie am besten mit frischer Hefe zu. Trockenhefe hat dafür nicht genug Triebkraft.

» Bei der Zubereitung müssen alle Zutaten zimmerwarm sein. Also alles am besten schon am Vorabend in die Küche stellen.
» Das Mehl in eine Schüssel sieben und in die Mitte eine Mulde drücken. Die Hefe mit etwas Zucker und lauwarmer Milch verrühren. Die Hefemilch in die Mulde gießen und mit wenig Mehl vom Rand verrühren. Die Schüssel mit einem Küchentuch abdecken und an einem warmen Ort ca. 15 Min. ruhen lassen, bis die Hefemilch großporig und schaumig aussieht.
» Die übrigen Zutaten auf dem Rand verteilen. Dann alles in 5–10 Min. gründlich zu einem glatten Teig verkneten. Den Teig wieder abdecken und nochmals ca. 30 Min. an einem warmen Ort gehen lassen, bis er sein Volumen etwa verdoppelt hat. Andere Möglichkeit: Den Teig abgedeckt ca. 8 Std. im Kühlschrank aufgehen lassen.
» Den Teig nochmals kurz durchkneten, formen und backen.

Quarkteig – für Ungeduldige

Diese schnelle und fettarme Alternative zum Hefeteig ist ideal für Backanfänger und Eilige. Dabei werden Quark, Zucker, Eier, Mehl und weitere Zutaten einfach miteinander verknetet. Der elastische Teig kann sofort weiterverabeitet werden. Er lässt sich problemlos ausrollen, formen und füllen.

» Die Zutaten zügig miteinander verkneten. Wird zu lange geknetet, klebt der Teig.
» Das Gebäck nach dem Backen sofort vom Blech oder aus der Form nehmen.

Rührteig – rasch gemixt

Schnell zubereitet und vielseitig einsetzbar – Rührteig ist der unkomplizierteste Teig überhaupt. Selbst Backeinsteigern gelingen damit wunderbar saftige Kuchen und feines Gebäck. Die Grundzutaten Fett, Zucker, Eier, Mehl, Backpulver und Milch werden einfach nacheinander miteinander verrührt und je nach Rezept mit weiteren Zutaten verfeinert.

» Alle Zutaten sollten bei der Zubereitung Zimmertemperatur haben, damit sie sich perfekt verbinden. Also rechtzeitig aus dem Kühlschrank nehmen.
» Fett und Zucker 5–10 Min. verrühren, bis sich der Zucker vollständig gelöst hat und eine gebundene Masse entsteht.
Die Eier einzeln unterrühren. Mehl, Backpulver und Milch einrühren. Den Teig jetzt nicht mehr lange rühren, damit er locker bleibt.
» Den Teig sofort in eine gefettete und bemehlte Form füllen.
» Das Gebäck nach dem Backen ca. 10 Min. abkühlen lassen, dann aus der Form lösen.

Würziger Lebkuchenteig

Diesen satt braun glänzenden Teig bewältigen auch Einsteiger mühelos. Die Zubereitung ist schnell erledigt. Beachten müssen Sie lediglich einige Stunden Teigruhe, wenn als Backtriebmittel Hirschhornsalz oder Pottasche eingesetzt wird (siehe Seite 55). Besonders feine Lebkuchen, z.B. Elisenlebkuchen, entstehen auf der Basis von Eierschaum (siehe Seite 22).

Mit unkompliziertem Rührteig zaubern Sie im Handumdrehen leckere Plätzchen aufs Blech.

» Honig oder Sirup mit Zucker und Butter oder Wasser bei schwacher Hitze unter Rühren schmelzen lassen. Die Masse abkühlen lassen. Dabei regelmäßig umrühren. Jetzt Mehl, Gewürze, Trockenfrüchte und Nüsse unterrühren bzw. unterkneten. Hirschhornsalz in etwas Milch, Pottasche in Alkohol oder Eiweiß auflösen und unterkneten.

» Den Teig ausrollen und formen oder auf Oblaten streichen und je nach Rezept ruhen lassen. Dann backen.

» Lebkuchen noch etwas weich aus dem Ofen nehmen.

Mürbeteig – flott geknetet

Der wohl beliebteste Teig beim Weihnachtsbacken. In ihm verbinden sich die Grundzutaten Mehl, Butter, Zucker und eventuell Ei durch Kneten zu einem geschmeidigen Plätzchenteig. Aufgrund dieser Bearbeitung heißt der Teig auch „Knetteig“. Dieser unkomplizierte Teig eignet sich für Backanfänger wie für Profis – und natürlich für das Backen mit Kindern. Er lässt sich mit weiteren Zutaten verfeinern, gut ausrollen und vielseitig verwenden: zum Ausstechen und Modeln, aber auch zum Rollen und Schlingen.

» Mürbeteig unbedingt mit gekühlten Zutaten zubereiten. Er verträgt keine Wärme und wird sonst weich und klebrig.

» Das Mehl auf die Arbeitsfläche sieben und eine Mulde in die Mitte drücken. Zucker, Ei und Aromen hineingeben. Die Butter in kleine Stücke schneiden und auf dem Rand verteilen.

» Alles mit einem großen Messer rasch zu einer bröseligen Masse zerhacken. Diese dann mit kalten Händen rasch zu einem glatten Teig verkneten. Die Hände dafür vor dem Kneten kalt abwaschen. In der Küchenmaschine wird der Teig schnell trocken, bröselig und lässt sich nicht mehr so gut ausrollen.

» Den fertigen Teig zu einer Rolle oder Platte formen, in Frischhaltefolie wickeln und 30 Min. kühl stellen. Diese Ruhezeit ist für Plätzchen besonders wichtig: Sie lassen sich dann besser ausstechen und bleiben beim Backen schön in Form.

Backen bei Lebensmittelunverträglichkeit – nicht immer ganz einfach

Butterzarter Mürbeteig für ausgestochenes Gebäck – einer der großen Klassiker beim Weihnachtsbacken.

Makronenmasse & Eierschaum

Die Grundlage für Makronen und Baiser ist zu luftigem Schaum aufgeschlagenes Eiweiß. Der Eischnee wird dann mit Zucker gesüßt und mit weiteren Zutaten wie Kokosraspeln oder gemahlenen Nüssen verfeinert. Daraus entstehen solche Klassiker wie Kokosflocken und Zimtsterne. Das erfordert keine großen Vorkenntnisse, ebensowenig wie die Herstellung von duftigem Eierschaum für Springerle oder feine Lebkuchen. Im Unterschied zur Makronenmasse werden hier ganze Eier oder Eigelb mit Zucker geschlagen. Bei beiden Zubereitungen spricht man nicht von Teig, sondern von Masse.

» Für Eiweißmasse unbedingt frische und kühlschrankkalte Eier verwenden. Schüssel und Rührbesen müssen sauber und absolut fettfrei sein.

» Eigelb und Eiweiß sorgfältig trennen. Das Eiweiß mit dem Handrührgerät auf höchster Stufe steif schlagen, bis ein Messerschnitt darin sichtbar bleibt. Den Zucker einrieseln lassen und kurz unterschlagen. Weitere Zutaten behutsam unterheben. Nicht rühren, sonst verliert die Masse ihr Volumen.

» Makronen backen nicht, sie trocknen im Ofen. Danach müssen sie sich noch weich anfühlen. Die Plätzchen werden beim Abkühlen fest.

» Für Eierschaummasse Ei oder Eigelb und Zucker mit dem Handrührgerät schlagen, bis die Masse dickschaumig und hellgelb ist. Die restlichen Zutaten unterheben und das Gebäck formen. Je nach Rezept trocknen lassen und backen.

Tipp

Gerüht statt geknetet

Für einige Spezialitäten, wie Linzer Gebäck oder Spritzgebäck, wird der Mürbeteig „gerührt". Dafür die weiche Butter mit dem Zucker schaumig schlagen. Die Eier einrühren und die restlichen Zutaten unterkneten. Wird der Teig ausgerollt, muss er mindestens für 1 Stunde in den Kühlschrank, für Spritzgebäck dagegen wird er sofort verarbeitet (siehe Seite 85).

Gesundheitsbewusst backen

Für viele ist die Adventszeit mit ihren Gebäckspezialitäten die schönste Zeit des Jahres – für andere hingegen der reinste Alptraum. Nämlich dann, wenn sie nicht unbedarft zugreifen können, da sie mit einem Allergieschub oder sonstigen Beschwerden rechnen müssen. Für solche Menschen bietet Selbstgebackenes einen enormen Vorteil: Beim Backen bestimmen nämlich Sie allein, was in den Teig darf und was draußen bleibt.

Vollwertig backen

Wer im Alltag den Regeln der vollwertigen Ernährung folgt, möchte das natürlich auch gerne beim Weihnachtsgebäck tun. Für eine gesunde Ernährungsweise ist es empfehlenswert, Lebensmittel so naturbelassen wie möglich zu verzehren. Fürs Weihnachtsbacken heißt das, möglichst nicht oder nur wenig bearbeitete Zutaten zu verwenden. Industriell stark bearbeitete Backzutaten haben hier keine Chance – Nüsse, Trockenfrüchte, Vollkornmehl und Butter hingegen schon. Eine kleine

Auswahl an Rezepten für vollwertiges Weihnachtsgebäck stellen wir Ihnen in unserem Rezeptteil vor – am schnellsten finden Sie diese im Register unter dem Stichwort „Vollwertgebäck“. Doch Sie können auch konventionelle Rezepte durch den Tausch von Mehl, Zucker, Fett und Milch „vollwertiger“ gestalten. Hier einige Orientierungshilfen für den Zutatentausch:

Vollkornmehl statt Auszugsmehl: Bereiten Sie Ihre Teige mit Vollkornmehl, möglichst frisch gemahlen, statt mit hellem Auszugsmehl zu. Dabei müssen Sie ca. 10 % mehr Flüssigkeit zugeben, denn Vollkornmehl bäckt trockener. Wer mit Vollkornmehl noch keine Erfahrungen hat, tauscht am besten erst die Hälfte des Mehls aus. Als Triebmittel können Sie statt herkömmlichem Backpulver Weinsteinbackpulver verwenden.

Anders süßen: Wer bei Zucker bleiben will, kann auf Vollrohrzucker ausweichen. Zum Süßen bieten sich jedoch auch Honig, Sirup und Dicksaft an. Aber Vorsicht: Diese natürlichen Süßen machen das Gebäck weicher, geben ein anderes Aroma und süßen bei gleicher Menge stärker als Zucker. Honig können Sie im Verhältnis 1:1 austauschen, bei Dicksaft und Sirup benötigen Sie pro 100 g Zucker nur 75 g.

Nur naturbelassene Fette: Verwenden Sie Butter oder ungehärtete Pflanzenmargarine. Industriell hergestellte und stark bearbeitete Margarine ist tabu.

Vorzugsmilch bevorzugen: Bei Milch sollten Sie zu Vorzugsmilch oder zu pasteurisierter Milch greifen. Sterilisierte und H-Milch gehören nicht in Vollwertgebäck.

Backen bei Lebensmittelunverträglichkeit

Mit dem Begriff „Lebensmittelunverträglichkeit“ fasst die Medizin drei Beschwerdeformen zusammen: Lebensmittelallergie, Lebensmittel-Pseudoallergie und bestimmte Verdauungsprobleme wie Milchzuckerunverträglichkeit (Laktoseintoleranz) und Glutenunverträglichkeit (Sprue, Zöliakie). Bei allen dreien reagiert der Körper auf bestimmte Nahrungsmittel. Die Symptome reichen dabei von Hautrötungen und Atembeschwerden bis hin zu Bauschmerzen, Erbrechen und Durchfall. Den Betroffenen hilft es letztlich nur, das auslösende Allergen komplett zu meiden.
Bei gekauftem Gebäck ist das gar nicht so einfach – bei Selbstgebackenem dagegen schon. Denn beim häuslichen Weihnachtsbacken können Sie einige problematische Zutaten, die gerne Unverträglichkeiten auslösen, gut gegen verträgliche austauschen. So umgehen Sie Allergien & Co. ganz geschickt. Von den zwölf Hauptauslö-

Die zwölf Hauptauslöser

Beim Aufspüren möglicher Allergene in verpackten Lebensmitteln hilft seit 2005 die EU-Kennzeichnungsverordnung. Ihr zufolge müssen die zwölf Hauptauslöser von Lebensmittelunverträglichkeiten europaweit auf dem Etikett von Lebensmitteln angegeben sein. Diese „allergene Hitliste“ können Sie downloaden unter www.aid.de/ernaehrung/allergien.php?onderno=10.

sern (siehe Kasten) sind beim Weihnachtsbacken besonders Eier, Gluten, Milch und Nüsse von Belang. Alternativen dafür finden Sie nachfolgend zusammengestellt. Doch sind unsere Tipps nur Empfehlungen. Wenn Sie bei einer Backzutat unsicher sind, wenden Sie sich an Ihren Arzt oder Ernährungsberater, um mögliche Unverträglichkeitsreaktionen auszuschließen.

Eier:

Hühnereier können Sie beim Backen problemlos ersetzen. Übrigens reagieren viele Allergiker auf Eiweiß besonders empfindlich. Gebäck auf Eischneebasis, z.B. Makronen, ist daher absolut tabu.

Alternative:

Pro Ei 2 EL Wasser, 1 EL Pflanzenöl und 1/2 TL Backpulver in den Teig geben. Wer nicht auf Soja regiert, kann pro Ei auch 1 EL Ei-Ersatzpulver verwenden. Das gibt's in Reformhäusern und Apotheken.

Glutenhaltiges Getreide:

Das Klebereiweiß Gluten steckt in Weizen, Dinkel, Emmer, Grünkorn, Gerste, Hafer, Kamut und Roggen. Glutenfrei sind nur die Getreidesorten Buchweizen, Mais, Reis und Zwerghirse (Teff).

Alternative:

Bereiten Sie Ihre Teige mit glutenfreien Backmischungen zu. Diese Spezialmehle finden Sie in jedem gut sortierten Supermarkt, gut erkennbar am „Glutenfrei"-Siegel auf der Packung.

Milch und Milcherzeugnisse:

Milch ist die Ursache für die Milcheiweißallergie wie auch für die Milchzuckerunverträglichkeit.

Alternative:

Bei Rühr- oder Hefeteig können Sie Milch ganz schlicht durch Wasser ersetzen. Das löst viele Probleme. Bei einer Milcheiweißallergie bieten sich Reis-, Soja- oder Mandelmilch als Alternative an (Vorsicht jedoch bei Soja- oder Mandelallergie). Bei Milchzuckerunverträglichkeit können Sie zu laktosefreien Milchprodukten greifen. Die gibt's in jedem Supermarkt. Dort finden Sie auch laktosefreien Quark für Quarkteig.

Nüsse (Schalenfrüchte) und Erdnüsse:

Nussallergiker reagieren besonders gerne auf Haselnüsse, Walnüsse, Paranüsse und Erdnüsse, die botanisch gesehen eigentlich Hülsenfrüchte sind. Gut vertragen werden dagegen meist Kokosnüsse, Pekannüssse und Mandeln.

Alternative:

Hasel-, Wal-, Para- und Erdnüsse können Sie gegen Kokosraspeln, Amaranth, Sesam oder Mandeln austauschen. Natürlich nur, wenn Sie nicht auch darauf empfindlich reagieren. Eine andere Möglichkeit sind Haferflocken. Dabei einfach die im Rezept angegebene Nussmenge durch die gleiche Menge Flocken– je nach Rezept ganz oder gemahlen – ersetzen. Besonders aromatisch sind in wenig Butter angeröstete Flocken.

Von schlicht bis edel – zauberhafte Deko

Viele Bäckerinnen freuen sich besonders darauf, die mit Liebe gebackenen Plätzchen mit noch mehr Liebe zu verzieren. Andere hingegen scheuen das filigrane Verzieren. Egal, ob die Dekoration Ihres Gebäcks für Sie eher ein lästiges Pflichtprogramm oder die heiß ersehnte Kür ist: Wir zeigen Ihnen die besten Dekoideen.

Glasuren

Die Basis aller Schönheit sind Puderzuckerguss und Schokoglasur. Damit lässt sich Gebäck wunderbar ganz oder teilweise überziehen. Besonders hübsch sehen Plätzchen und Kuchen mit feinen Linien, Tupfen oder Wellen aus. Das funktioniert am besten mit Eiweißspritz- oder Schokoglasur und einem kleinen Gefrierbeutel: Die Glasur einfüllen und in eine Ecke drücken. Den Beutel oben zudrehen und ein kleines Loch in die Spitze stechen oder die Spitze knapp abschneiden. Solche feinen Muster wirken auf einem kontrastfarbenen Untergrund besonders dekorativ. Die Glasur dann gut trocknen lassen.

Hübsch verziert. Ein bisschen Beauty schadet keinem Plätzchen.

Puderzuckerglasur: 200 g Puderzucker mit 3–4 EL Flüssigkeit zu einem cremigen Guss verrühren. Bei der Flüssigkeit können Sie zwischen Wasser, Saft und Alkohol wählen. Und besonders schön weiß wird der Zuckerguss mit Milch. Für farbige Glasur sorgt ein Tropfen Lebensmittelfarbe oder färbender Pflanzensaft, z.B. von Karotte oder Rote Bete. Haben Sie das nicht zur Hand, können Sie auch mit Kaffee, Kakao oder Sirup färben.

Eiweißspritzglasur: 1 tagesfrisches Eiweiß halbsteif schlagen. 200 g Puderzucker unter Rühren einrieseln lassen, bis eine cremige Glasur entsteht. Die Glasur können Sie mit einem Pinsel auf das Gebäck streichen oder mit einem kleinen Spritzbeutel in Linien aufspritzen. Auch diese Glasur lässt sich wie oben beschrieben einfärben.

Schokoglasur: 150 g Kuvertüre grob hacken und bei milder Hitze über dem heißen Wasserbad schmelzen lassen (siehe Kasten). Die flüssige Kuvertüre aus dem Topf heben und etwas abkühlen lassen. Anschließend nochmals kurz über dem heißen Wasserbad erwärmen. Besonders schön glänzt die Kuvertüre, wenn Sie beim Schmelzen 1 TL Pflanzenöl oder Kokosfett zugeben. Die Glasur mit einem Messer oder Pinsel zügig auf das Gebäck auftragen oder die Plätzchen in die Glasur tauchen. Das Gebäck sollte beim Überziehen Raumtemperatur haben.
Wenn Ihnen das zu aufwendig ist: Im Backregal gibt's gebrauchsfertige Fettglasur in verschiedenen Sorten. Den Becher oder Beutel einfach nach Packungsangabe erwärmen und auftragen.

Schmückendes Beiwerk

Schön verziert wirkt Ihr Gebäck besonders festlich. Neben bunten Zuckerperlen machen auch Nüsse und Früchte als Topping viel her. Und für besondere Plätzchen darf es schon mal ein Stückchen Blattgold sein (siehe Seite 156). Der gewählte Schmuck wird auf die feuchte Glasur gestreut oder gelegt und „klebt" beim Trocknen quasi fest.

Blitzschnell: Puderzucker oder Kakao in ein Sieb geben und über das frische Gebäck stäuben – schon ist es festlich aufgepeppt. Für zusätzliches Aroma Vanillezucker oder Zimt untermischen. Das Gebäck sofort nach dem Backen im Gewürzzucker wenden oder damit bestäuben. Der Zuckermix bleibt an den warmen Keksen kleben.

Tipp

Maries Bad

Kuvertüre und Schokolade schmilzt am besten über dem Wasserbad (Bain-Marie). Dafür brauchen Sie eine Edelstahlschüssel und einen etwas größeren Topf. Die gehackte Kuvertüre in die Schüssel geben. Den Topf halbhoch mit Wasser füllen und erwärmen, aber nicht kochen lassen. Die Schüssel hineinhängen und die Kuvertüre bei milder Hitze darüber schmelzen lassen. Vorsicht: Das Wasser darf dabei nicht kochen, sonst wird die Schokolade zu heiß und trennt sich in ihre Bestandteile. Das zeigt sich später als grauer Schleier auf dem Gebäck. Die Kuvertüre soll maximal Körpertemperatur erreichen. Wasser darf auch nicht reinspritzen, sonst wird die Kuvertüre klumpig und stumpf.

Aller Mühe Lohn: ein gut gefüllter bunter Teller. Genießen Sie ihn ganz in Ruhe.

Mit bunten Zuckerperlen verzieren, besonders Kinder lieben diese Dekovariante.

Kunterbunt: Zuckerstreusel, kleine und große Zuckerperlen in verschiedenen Farben, Dekorzucker in verschiedenen Formen ... Die Auswahl ist riesig. Üppig aufstreuen oder gezielt auflegen – lassen Sie Ihrer Fantasie freien Lauf.

Fein fruchtig: Sehr dekorativ und lecker sind kandierte Früchte oder Ingwer. Die Früchte in Würfelchen, dünne Scheiben oder Streifen schneiden und auf die Glasur legen. Halbierte Belegkirschen bringen Farbe ins Spiel. Besonders schmuck wirken kandierte Blüten.

Nussig: Gehackte Mandeln, Nussblättchen, Krokant, Kokosflocken, Pistazien, Sesam, Sonnenblumenkerne oder Mohn – damit machen Sie Nussfans eine Freude. Auf die frisch mit Zucker- oder Schokoglasur überzogenen Plätzchen können Sie auch Haselnusskerne, Walnusshälften oder halbierte Mandeln setzen.

Schön schokoladig: Schokoraspel, Schokostreusel, Schokoröllchen und Schokosternchen verzieren Plätzchen und Gebäck aufs Leckerste. Das Backregal bietet eine reiche Auswahl. Schokospäne können Sie auch selbst mit einem Sparschäler von einer Tafel Schokolade abziehen.

Gold und Silber: Für Luxus sorgt echtes Speisegold in verschiedenen Motiven, als Blättchen, Flitter oder kleine Stückchen Blattgold. Wer's lieber silbern mag, legt Silberblättchen auf. Zum Aufbringen auf das Gebäck benötigen Sie eine Pinzette oder einen Pinsel. Nicht so glamourös, aber preisgünstiger sind Zuckerperlen und Streuzucker in Gold und Silber.

Zehn goldene Backtipps

Selbst die routinierteste Bäckerin hat beim Weihnachtsbacken mal ganz unerwartet mit Problemen zu kämpfen. Aber, nicht verzagen. Mit ein paar Hilfen gelingt Ihr Gebäck ganz wunderbar. Weitere Tipps zu den einzelnen Teigen finden Sie auf den Seiten 19 bis 22.

1. Nehmen Sie sich Zeit

Unser wichtigster Tipp: Nehmen Sie sich Zeit zum Backen, dann gelingen Lebkuchen, Stollen und Plätzchen mit Sicherheit. Nichts ist ärgerlicher als klebrige Teige und misslungene Plätzchen, wenn's mal wieder schnell gehen musste.

2. Gut gerüstet?

Eigentlich selbstverständlich, aber gerne vergessen: Lesen Sie das Rezept vor Backbeginn ganz durch. So ersparen Sie sich unliebsame Überraschungen während des Backens. Haben Sie alle Zutaten und Küchengeräte im Haus? Perfekt. Dann alles abwiegen, vorbereiten und bereit stellen. Denken Sie auch daran, Butter, Eier und Milch rechtzeitig aus dem Kühlschrank zu nehmen.

Denn bei der Teigbereitung sollten alle Zutaten einheitliche Temperatur haben, am besten Zimmertemperatur. Nur für Mürbeteig muss die Butter kalt sein, auch Eiweiß für Makronen wird kühlschrankkalt aufgeschlagen.

3. So gelingt der Teig perfekt

Generell gilt: Bereiten Sie Ihre Teige zügig zu. Besonders Rührteig verliert schnell sein Volumen, wenn er zwischendurch länger steht. Mürbeteig muss nach dem Zusammenkneten mindestens 30 Min. in den Kühlschrank. Hier kann er auch ruhig einige Stunden oder über Nacht bleiben. Klebt der Teig selbst nach dem Kühlschrankaufenthalt noch, kneten Sie etwas Mehl unter. Auch zu weicher Hefeteig bekommt mit etwas zusätzlichem Mehl die gewünschte Festigkeit. Ist Ihr Teig dagegen zu fest oder bröselig, hilft bei Rühr- und Hefeteig etwas Milch. Bei Mürbeteig kneten Sie ein paar Tropfen kaltes Wasser unter. Das hilft besonders bei Teigen ohne Ei. Will Ihr Hefeteig partout nicht aufgehen, war wohl die Hefe oder eine andere Zutat zu kalt. Stand der Teig während der Teigruhe vielleicht zu kühl oder hat er einen Zug bekommen? Lassen Sie ihm jetzt einfach länger Zeit.

4. Plätzchenteig gekonnt ausrollen

Besonders wichtig: Der Teig muss gut durchgekühlt sein. So lässt er sich portionsweise schön auf der leicht bemehlten Arbeitsfläche ausrollen. Den Rest stellen Sie währenddessen kühl. Je weniger Mehl beim Ausrollen unter den Teig gearbeitet wird, desto feiner werden die Plätzchen. Deshalb rollt man besonders zarte oder sehr weiche Teige gleich zwischen zwei Bögen Frischhaltefolie oder zwischen zwei aufgeschnittenen großen Gefrierbeuteln aus. Die obere Folie abnehmen und Plätzchen oder Figuren ausstechen. Doch egal ob Arbeitsfläche oder Folie, achten Sie darauf, dass der Teig gleichmäßig dick ausgerollt wird.

5. Plätzchen sauber ausstechen

Die Förmchen während des Ausstechens immer wieder in Mehl tauchen. So bleibt der Teig nicht daran haften und Ihre Plätzchen werden exakt. Die Teiglinge dann mit Palette oder Messer abheben und aufs Blech legen. Wurde der Teig zwischen Folie ausgerollt und die Plätzchen lassen sich nur schwer lösen, legen Sie die Folie samt Plätzchen einfach kurz ins Gefrierfach. Übrigens tut eine kurze Kühlung vor dem Backen Plätzchen generell gut, sie zerlaufen dann im Ofen nicht.

6. Tausendsassa Backpapier

Ja, ja, so eine Rolle Backpapier hilft aus mancher Verlegenheit! Aufs Backblech gelegt, verhindert es, dass das Gebäck beim Backen am Blech festklebt. Haben Sie ein Blech zu wenig, legen Sie die frisch geformten Plätzchen einfach auf einen Bogen Backpapier. Ist das Blech dann wieder frei und etwas abgekühlt, ziehen Sie den Bogen samt den Teiglingen darauf. Und ab in den Ofen. Ebenso ziehen Sie die fertig gebackenen Plätzchen dann wieder vom Blech. Auch frisch glasierte Plätzchen trocknen am besten auf Backpapier. So lassen sie sich anschließend problemlos lösen.

7. Im Ofen

Egal ob Umluft oder Ober- und Unterhitze: Weihnachtsgebäck wird in den vorgeheizten Ofen geschoben. Besonders Plätzchen mit ihrer kurzen Backzeit misslingen leicht, wenn die Temperatur nicht von Anfang an gewährleistet ist. Bei den Rezepten ist jeweils die Temperatur für Ober- und Unterhitze sowie für Umluft angegeben. Sie können also wählen, wie Sie lieber backen. Doch jeder Ofen bäckt anders. Die angegebenen Backzeiten sind also nur Richtwerte und können bei Ihrem Modell durchaus etwas abweichen. Beobachten Sie das erste Blech lieber beim Backen: Sind die Plätzchen schon vor Ende der Backzeit sehr gebräunt, dürfen sie schon früher aus dem Ofen. Bei Kuchen empfiehlt sich die Stäbchenprobe (siehe Punkt 8). Beachten Sie bitte auch die jeweils angegebene Einschubhöhe.

8. Ist der Kuchen schon fertig?

Ob Ihr Kuchen ganz durchgebacken ist, testen Sie kurz vor Ende der Backzeit mit einem Holzstäbchen. Das Stäbchen in die dickste Stelle des Kuchens stechen und wieder herausziehen. Klebt Teig daran, muss der Kuchen noch ein paar Minuten weiterbacken. Ist das Stäbchen sauber, darf er aus dem Ofen.

9. Wohin nach dem Backen?

Plätzchen, Lebkuchen und Stollen kühlen nach dem Backen am besten auf einem Kuchengitter oder dem Backofenrost ab. Hier können Wärme und Feuchtigkeit auch nach unten entweichen. Kuchen aus Rührteig muss nach dem Backen erst einige Minuten in der Form abkühlen. Das bewahrt ihn vor dem Auseinanderbrechen. Erst dann auf das Kuchengitter stürzen und auskühlen lassen.

10. Die Aufbewahrung

Plätzchen müssen vor dem Verpacken erst komplett auskühlen. Auch mit Guss Überzogenes muss ganz trocken sein. Zum Aufbewahren eignen sich gut schließende Dosen aus Blech oder Plastik sowie Gläser. Die Plätzchen lagenweise einschichten und dazwischen jeweils einen Bogen Butterbrotpapier legen. Das Gebäck bitte auch immer nach Sorten getrennt lagern, sonst vermischen sich die Aromen. Stollen und Kuchen wickeln Sie fest in Alufolie. Die gefüllten Gebäckdosen bewahren Sie am besten in einem kühlen und trockenen Raum auf. Hier zieht das Gebäck gut durch, wird zart und weich und entwickelt sein volles Aroma. Lebkuchengebäck bleibt mit einem Apfelstück in der Dose besonders saftig. Den Apfel dafür in Butterbrotpapier wickeln und wöchentlich wechseln.

Gut geplant – der Zeitplan

Backen soll Spaß machen, der Seele gut tun und die Sinne streicheln, aber nicht in Stress ausarten. Davon gibt's in der Vorweihnachtszeit anderweitig schon reichlich. Ordentlich geplant jedoch, haben Sie Ihr Gebäck rechtzeitig für die Adventszeit und fürs Fest fertig – ganz entspannt.

Also was backe ich wann am besten? Für diese Frage nehmen Sie sich einfach mal fünf Minuten Zeit. Ausgerüstet mit Backbuch oder Rezepten und Kalender können Sie so in drei Schritten ganz in Ruhe Ihren persönlichen Zeitplan entwerfen. Anhaltspunkte für den optimalen Backtermin der einzelnen Gebäckarten gibt unser Backkalender (siehe vordere Klappe). So kann eigentlich nichts mehr schief gehen.

Ihr persönlicher Backplan

Schritt 1:

Überlegen Sie zuerst, welche Gebäcksorten Sie überhaupt backen wollen. Dann suchen Sie die zugehörigen Rezepte raus. Planen Sie vernünftige Mengen und nicht überreichlich. Aller Erfahrung nach will im Januar niemand mehr übriges Weihnachtsgebäck essen. Wollen Sie vielleicht etwas Selbstgebackenes verschenken? Kalkulieren Sie auch das mit ein.

Schritt 2:

Als nächstes konsultieren Sie Ihren Kalender: An welchen Tagen haben Sie Zeit zum Backen? Tragen Sie auch gleich in den Kalender ein, wann Sie welches Gebäck backen werden. Wichtig: Machen Sie Ihren Backplan nicht zu eng und lassen Sie lieber eine kleine Zeitreserve. Wenn Sie alles gebacken haben und noch Luft ist, können Sie ja noch was nachschieben.

Schritt 3:

Zuletzt erstellen Sie eine Liste mit den benötigten Zutaten. Überprüfen Sie, was Sie schon im Haus haben und machen Sie eine Liste, was Sie noch besorgen müssen. Vor Ihren Backtagen brauchen Sie jetzt noch einen Termin, an dem Sie einkaufen gehen. Tragen Sie auch den in Ihren Kalender ein. Bei diesem Schritt sollten Sie sehr sorgfältig vorgehen. Nichts ist ärgerlicher, als wenn während des Backens plötzlich eine Zutat fehlt! Überprüfen Sie auch Ihre Lagermöglichkeiten. Haben Sie genug Gebäckdosen im Haus?

Auf den letzten Drücker:

Sie haben nur sehr wenig Zeit oder erst kurz vor dem Fest Gelegenheit zum Backen? Dann orientieren Sie sich an Kapitel 8 (ab Seite 140). Hier finden Sie superschnelle Plätzchen, Gebäck und Konfekt. Auch gut geeignet für Eilige: Der Abschnitt „Fix von der Rolle“ ab Seite 90. Noch ein Tipp: Zwei bis drei Gebäcksorten sind völlig ausreichend. Suchen Sie dabei unterschiedliche Formen aus. Zum Beispiel sehen ein rundes, ein eckiges Gebäck und ein Konfekt zusammen auf einem Teller arrangiert richtig toll aus.

Stollen, Früchtebrot & Adventskuchen

Stollen – damit öffnet die Weihnachtsbäckerei vier Wochen vor dem Fest ihre Pforten. Denn dieses feine Hefegebäck braucht ein bis zwei Wochen, bis sich seine Aromen voll entfalten. Jetzt ist auch die beste Zeit, um herzhaftes Früchtebrot zu backen – denn auch das braucht zwei Wochen Ruhe – oder aber leckere Adventskuchen zum Sofortgenießen.

Stollen – moderner Klassiker

Die einen sagen, der weiß überzuckerte Christstollen symbolisiere das in Windeln gewickelte Jesuskind. Andere meinen, Stollen bedeute „Stützbalken“ oder „Pfosten“ wegen seiner länglichen Form. Egal welche Interpretation Sie lieber mögen, Stollen darf in der Adventszeit nicht fehlen. Der Klassiker ist aus schwerem Hefeteig, die moderne Variante aus leichtem Quarkteig. Quarkstollen sind heute sehr beliebt, denn sie sind wesentlich kalorienärmer als der Klassiker – und rasch gemacht. Für den ganz schnellen Stollengenuss backen Sie einfach Stollenmuffins.

Was wäre die Adventszeit ohne selbst gebackenen Stollen. Er ist übrigens auch ein tolles Geschenk.

Klassischer Christstollen

Für 1 Stollen (16 Stück)
1 Vanilleschote
100 g + 1 Prise Zucker
175 g Rosinen
50 g gehackte Mandeln
2–3 EL Rum
500 g Mehl + Mehl zum Arbeiten
1 Würfel Hefe (42 g)
200 ml lauwarme Milch
275 g Butter
1 Ei
1 TL abgeriebene Bio-Zitronenschale
1 Päckchen Stollengewürz (10 g) 1/2 TL Salz
25 g fein gehacktes Zitronat
50 g fein gehacktes Orangeat
Backpapier fürs Blech

> Die Vanilleschote längs aufschlitzen und das Mark herausschaben. Mit 100 g Zucker mischen. Rosinen und Mandeln mit Rum übergießen, beiseitestellen. Das Mehl in eine Schüssel sieben und eine Mulde hineindrücken. Die Hefe zerbröseln und in 100 ml Milch mit 1 Prise Zucker auflösen. Die Hefemilch in die Mulde gießen und mit etwas Mehl bestäuben. Zugedeckt an einem warmen Ort ca. 15 Min. gehen lassen.

> 200 g Butter schmelzen. Mit 50 g Vanillezucker, 100 ml Milch, Ei, Zitronenschale, Stollengewürz und Salz zum Vorteig geben. Alles zu einem glatten Teig verkneten. Zugedeckt weitere 30 Min. gehen lassen. Zitronat, Orangeat und die Rosinen-Mandel-Mischung in Portionen unter den Teig kneten. Wieder 15 Min. gehen lassen.

> Ein Backblech mit Backpapier belegen. Den Teig auf der bemehlten Arbeitsfläche zu einer 30 cm langen Rolle formen. Die Rolle längs von der Mitte her flach drücken und zur Stollenform überschlagen (siehe Kasten). Den Stollen aufs Blech legen und zugedeckt 45–60 Min. gehen lassen.

> Den Backofen auf 200 °C (Umluft 180 °C) vorheizen. Den Stollen im Ofen (Mitte) 50–60 Min. backen. Die restliche Butter schmelzen und den warmen Stollen damit bestreichen. Dick mit dem restlichen Vanillezucker bestreuen.

» Viele mögen die Zitronat- und Orangeatstückchen im Stollen nicht. Hier hilft ein einfacher Trick: Mahlen Sie die Früchte einfach. So sind sie im Mund kaum mehr zu spüren.

» **Und noch eins:** Für **Marzipanstollen** 200 g Marzipanrohmasse mit 2–3 EL Rum verkneten und zu einer knapp 30 cm langen Rolle formen. Diese beim Formen in die Längsmulde legen und den Stollen fertig formen.

Tipp

Stollen – perfekt geformt

So bekommt Ihr Stollen die richtige Form: Zuerst den Teig zu einer 30 cm langen Rolle formen. In die Mitte der Rolle mit dem Nudelholz längs eine Vertiefung drücken. Jetzt eine Längsseite leicht versetzt auf die andere Längsseite klappen. Zuletzt mit den Händen den mittleren Teil der Länge nach zu einem kleinen Wulst formen. Sie wollen es einfacher? Dann backen Sie Ihren Stollen in einer Stollenbackhaube. Die gibt's im Haushaltswarengeschäft oder übers Internet (siehe Seite 156).

Schwarz-Weiß-Stollen

Für 1 Stollen (12 Stück)
100 g Rosinen
1–2 EL Rum
350 g Mehl + Mehl zum Arbeiten
1 Würfel Hefe (42 g)
7 EL lauwarme Sahne
80 g Zucker
1 Päckchen Vanillezucker
150 g + 50 g weiche Butter
100 ml lauwarme Buttermilch
1/2 TL Salz
100 g gehackte Walnüsse
1 EL Kakao
60 g Puderzucker
Backpapier fürs Blech

> Die Rosinen mit Rum übergießen und beiseitestellen. Das Mehl in eine Schüssel sieben und eine Mulde hineindrücken. Die Hefe zerbröseln und in der Sahne mit 1 Prise Zucker auflösen. Die Hefesahne in die Mulde gießen und mit etwas Mehl bestäuben. Zugedeckt an einem warmen Ort ca. 15 Min. gehen lassen.
> Restlichen Zucker, Vanillezucker, 150 g Butter, Buttermilch und Salz zum Vorteig geben. Alles zu einem glatten Teig verkneten. Zugedeckt weitere 30 Min. gehen lassen.
> Ein Backblech mit Backpapier belegen. Den Teig halbieren. Unter eine Hälfte Nüsse, Kakao und die Rumrosinen kneten. Beide Teige auf der bemehlten Arbeitsfläche zu gleich großen Rechtecken (ca. 20 x 25 cm) ausrollen. Die dunkle Platte auf die helle legen und einen Stollen formen (siehe Kasten Seite 37). Den Stollen aufs Blech legen und zugedeckt nochmals 30 Min. gehen lassen.
> Den Backofen auf 200 °C (Umluft 180 °C) vorheizen. Den Stollen im Ofen (Mitte) 45–50 Min. backen. 50 g Butter schmelzen und den warmen Stollen damit bestreichen. Dick mit Puderzucker bestäuben.

Fürther Aniskipf

Für 1 Laib (16 Stück)
500 g Mehl + Mehl zum Arbeiten
1 Würfel Hefe (42 g)
200 ml lauwarme Milch
100 g Zucker
100 g weiche Butter
1 Ei + 1 Eigelb
1 Päckchen gemahlener Anis (15 g)
1 Prise Salz
abgeriebene Schale von 1/2 Bio-Zitrone
125 g Rosinen
1 Eiweiß
2 EL Mohnsamen
Backpapier fürs Blech

> Das Mehl in eine Schüssel sieben und eine Mulde hineindrücken. Die Hefe zerbröseln und in 100 ml Milch mit 1 Prise Zucker auflösen. Die Hefemilch in die Mulde gießen und mit etwas Mehl vom Rand verrühren. Abgedeckt an einem warmen Ort ca. 15 Min. gehen lassen.
> Butter, 100 ml Milch, restlichen Zucker, Ei, Eigelb, Anis, Salz Zitronenschale und Rosinen zum Vorteig geben. Alles zu einem geschmeidigen Teig verkneten. Zugedeckt nochmals 15 Min. gehen lassen.
> Ein Backblech mit Backpapier belegen. Den Teig auf der bemehlten Arbeitsfläche zu einem ca. 25 cm langen Laib formen. Aufs Blech legen und zugedeckt ca. 30 Min. gehen lassen.
> Den Backofen auf 200 °C (Umluft 180 °C) vorheizen. Das Eiweiß leicht verquirlen und den Aniskipf damit bestreichen. Mit Mohn bestreuen und im Ofen (Mitte) ca. 1 Std. backen.

Die Hefe

Hefe besteht aus quicklebendigen Hefepilzen. Um 500 g Mehl zu bewegen, brauchen Sie schon rund 200 Milliarden solcher Zellen. Und die stecken in einem handelsüblichen Hefewürfel à 42 g. Kommen diese Pilze im Teig mit Wärme, Feuchtigkeit und Nahrung in Kontakt, vermehren sie sich und lassen den Teig aufgehen. Das anschließende Backen tötet die Hefezellen ab. Frische Hefe erkennen Sie an ihrer glatten, seidigen Oberfläche und an glatten Bruchstellen beim Zerbröseln.

Quarkstollen mit Amaretto und Nugat

Für 1 Stollen (20 Stück)
200 g Nugat
75 g Amarettini
2 EL Mandellikör
200 g Butter
500 g Mehl + Mehl zum Arbeiten
1 Päckchen Backpulver
100 g gehackte Mandeln
1 TL Instant-Kaffeepulver
2 Eier
125 g Zucker
1 Päckchen Vanillezucker
250 g Magerquark
1 Prise Salz
3 EL Mandelblättchen
3 EL Puderzucker
Backpapier fürs Blech

> Den Nugat kalt stellen. Die Amarettini mit Likör beträufeln. Die Butter in Stückchen teilen. Den Backofen auf 200 °C (Umluft 180 °C) vorheizen. Ein Backblech mit Backpapier belegen.

> Mehl, Backpulver, Mandeln, Kaffeepulver, Eier, Zucker, Vanillezucker, Quark, Salz und 175 g Butterstückchen in eine Schüssel geben. Alles rasch zu einem glatten Teig verkneten. Den Teig auf der bemehlten Arbeitsfläche zu einem Quadrat (ca. 40 x 40 cm) ausrollen.

> Den Nugat in kleine Würfel schneiden. Nugatwürfel und Amarettini gleichmäßig auf dem Teig verteilen, leicht andrücken. Die Teigplatte aufrollen und zu einem Stollen formen (siehe Kasten Seite 37). Den Stollen aufs Blech legen und im Backofen (Mitte) 40–45 Min. backen. Mit dem Papier vom Blech auf ein Kuchengitter ziehen.

> Die Mandelblättchen in einer beschichteten Pfanne ohne Fett goldgelb rösten. 25 g Butter schmelzen. Den Stollen damit bestreichen und mit den Mandeln bestreuen. Auskühlen lassen und mit Puderzucker bestäuben.

Lockerer Quarkteig

Tipp

Quarkteig wird besonders locker, wenn möglichst wenig Wasser hineinkommt. Gießen Sie deshalb die Flüssigkeit im Quarkbecher immer ab, bevor Sie den Quark in den Teig rühren.

Schnelles Stollenkonfekt

Für ca. 40 Stück
75 g Rosinen
50 g gehackte Mandeln
2–3 EL Rum
75 g Marzipanrohmasse
100 g + 75 g Butter
300 g Mehl + Mehl zum Arbeiten
1/2 Päckchen Backpulver
1 Ei
75 g Zucker
1 TL Zimt
1 TL Stollengewürz
1 TL abgeriebene Bio-Orangenschale
150 g Magerquark
Puderzucker zum Bestäuben
Backpapier fürs Blech

> Rosinen und Mandeln mit dem Rum übergießen und zugedeckt beiseitestellen. Marzipan grob raspeln. 100 g Butter in Stückchen teilen. Mehl, Backpulver, Ei, Zucker, Zimt, Stollengewürz, Orangenschale, Quark, die Butterstückchen und den Rosinenmix in eine Schüssel geben. Alles rasch zu einem glatten Teig verkneten.

> Den Backofen auf 180 °C (Umluft 160 °C) vorheizen. Zwei Backbleche mit Backpapier belegen. Den Teig auf der dünn bemehlten Arbeitsfläche zu Rollen (2–3 cm Ø) formen. Diese in ca. 2 cm große Stücke schneiden. Die Stücke etwas flach drücken und zu kleinen Stollen formen. Aufs Blech legen und im Ofen (Mitte) in 12–15 Min. goldgelb backen. Mit dem Papier vom Blech ziehen und kurz abkühlen lassen.

> 75 g Butter schmelzen. Das warme Stollenkonfekt erst mit flüssiger Butter bepinseln, dann großzügig mit Puderzucker übersieben. Auf einem Kuchengitter auskühlen lassen. Vor dem Servieren mindestens 1 Tag durchziehen lassen.

» Sie können das Konfekt auch ohne Marzipan zubereiten. Dann kneten Sie einfach 150 g Rosinen in den Teig. Für **Stollensterne** den Teig 1 cm dick ausrollen und große Sterne (20 cm Ø) ausstechen. Wie beschrieben backen.

Die Stollen im Miniformat sind im Handumdrehen gebacken.

Stollenmuffins

- Den Backofen auf 180 °C (Umluft 160 °C) vorheizen. Die Papierförmchen ins Muffinblech setzen. Die Trockenfrüchte in grobe Würfel schneiden. Mehl, Backpulver, Zimt und Stollengewürz mischen.
- 200 g Butter, Salz, Zucker und Vanillezucker schaumig schlagen. Die Eier einzeln einrühren. Die Mehlmischung mit der Milch unterrühren. Trockenfrüchte, Orangeat und Zitronat unterheben. Den Teig gleichmäßig in die Blechvertiefungen füllen. Im Ofen (Mitte) 20–25 Min. backen. 5 Min. im Blech ruhen lassen, dann herausnehmen und auf ein Kuchengitter setzen.
- Inzwischen 50 g Butter schmelzen. Die Muffins noch warm damit bestreichen und mit 50 g Puderzucker bestäuben. Abkühlen lassen. Vor dem Servieren mit dem restlichen Puderzucker bestäuben.

» Die Trockenfrüchte können Sie nach Lust und Laune mischen. Klassisch im Stollen sind Rosinen, Zitronat und Orangeat, fruchtig schmecken Aprikosen und Feigen oder Datteln und Kirschen.

Für 12 Stück
150 g gemischte Trockenfrüchte (z.B. Rosinen, Feigen, Datteln, Kirschen, Aprikosen)
50 g Orangeat und Zitronat (gemischt)
275 g Mehl
3 TL Backpulver
1 TL Zimt
1 TL Stollengewürz
200 g + 50 g weiche Butter
1 Prise Salz
150 g brauner Zucker
1 Päckchen Vanillezucker
3 Eier
3 EL Milch
100 g Puderzucker
12 Papierbackförmchen

Stutenkerle

Für 6 Stück

Für den Teig:

200 ml Milch
100 g Butter
500 g Mehl + Mehl zum Arbeiten
1 Päckchen Trockenhefe
50 g Zucker
1 Päckchen Vanillezucker
1 Prise Salz
abgeriebene Schale von 1/2 Bio-Zitrone
1 Ei
1 Eiweiß
Backpapier fürs Blech

Für die Deko:

1 Eigelb
2 EL Milch
Rosinen

> Die Milch lauwarm erwärmen und die Butter darin schmelzen lassen. Mehl und Trockenhefe in einer Rührschüssel sorgfältig mischen. Zucker, Vanillezucker, Salz, Zitronenschale, Ei und Eiweiß zugeben. Die Milch zugießen und alles mit den Knethaken des Handrührgeräts zu einem glatten Teig verkneten. Den Teig mit Mehl bestäuben und zugedeckt ca. 45 Min. an einem warmen Ort gehen lassen, bis er sich sichtbar vergrößert hat.

> Den Backofen auf 200°C (Umluft 180°) vorheizen. Ein Backblech mit Backpapier belegen. Den Teig leicht auf der leicht bemehlten Arbeitsfläche nochmals kurz durchkneten und in 6 Portionen teilen. Diese zu 15–20 cm langen Rollen formen. Bei jeder Rolle das obere Ende zu einer Kugel für den Kopf formen. Die restliche Rolle für den Körper etwas flach drücken. Am unteren Ende mit einem scharfen Messer einen Einschnitt für die Beine und an den Seiten Einschnitte für die Arme machen. Arme und Beine leicht vom Körper wegziehen.

> Für die Deko Eigelb und Milch verquirlen und die Stutenkerle damit bestreichen. Jeweils eine Rosine für Augen, Mund und die Knöpfe eindrücken. Die Figuren aufs Blech legen und nochmals ca. 15 Min. gehen lassen.

> Die Stutenkerle im Ofen (Mitte) in 15–20 Min. goldgelb backen. Mit dem Papier vom Blech ziehen und abkühlen lassen.

» Diesen leichten Hefeteig können Sie gut mit Trockenhefe zubereiten. Wenn Sie besonders viele Stutenkerle backen möchten, besorgen Sie sich im Fachhandel eine spezielle Ausstechformen dafür. Sie wird einfach in den ausgerollten Teig gedrückt. Hübsch sehen die Kerlchen auch aus, wenn Sie den Körper einfach nur mit Hagelzucker bestreuen.

Gebackene Kerle

Je nach Region heißen sie Stutenkerl oder Weckmann, in der Schweiz nennt man sie Grittibänz. Die gebackenen Männer aus Hefeteig gehören traditionell in die Vorweihnachtszeit. Sie symbolisieren den Nikolaus und sind ein beliebtes Geschenk zum Martins- oder Nikolaustag. Ganz original sind sie in Westfalen noch mit einer Tonpfeife dekoriert. Dort stecken sie im Nikolausstiefel der Kinder.

Stutenkerle aus Hefeteig verschenkt man gerne zum Nikolaus.

Saftiges Früchtebrot

In Süddeutschland und der Alpenregion schätzt man ein ganz besonderes Weihnachtsbrot: das Hutzel- oder Kletzenbrot. Dunkelbraun, würzig, süß und ursprünglich ist es, mit besonderem Biss – ganz anders als der helle, feine Stollen. Die Bäuerinnen backten es mit getrockneten Früchten aus ihren Gärten: gedörrten Birnen – den Hutzeln oder Kletzen –, Zwetschgen, Nüssen und Brotteig. Erst allmählich kamen Feigen, Datteln und Weinbeeren dazu. Dieses Brot bot man in der Adventszeit auch Verwandten, Freunden und Nachbarn an. Selbst der Gast im Wirtshaus bekam ein Stück. Lassen Sie doch den alten Brauch aufleben und laden Sie Bekannte und Verwandte auf ein Stückchen ein.

In Süddeutschland und den Alpen gibt's das saftige Früchtebrot traditionell zu Weihnachten.

Schwäbisches Hutzelbrot

Für 2 Laibe (à 12 Stück)
125 g getrocknete Birnen (Hutzeln)
125 g entsteinte getrocknete Zwetschgen oder Dörrpflaumen
125 g getrocknete Feigen
je 50 g gehacktes Zitronat und Orangeat
je 60 g Sultaninen und Korinthen
60 ml Kirschwasser oder Rum
125 g gehackte Mandeln
je 60 g Walnuss- und Haselnusskerne

Für den Teig:
125 g Weizenmehl + Mehl zum Arbeiten
125 g Roggenmehl
1/2 Würfel Hefe (21 g)
150 ml lauwarmer Kochsud
60 g brauner Zucker
7 g Zimt
je 1 Msp. gemahlener Kardamom und Nelken
1/2 TL Salz
Backpapier fürs Blech

Für die Deko:
Kochsud
1 TL Kartoffelmehl
geschälte Mandeln
kandierte Früchte nach Wunsch

> Die Birnen halbieren oder vierteln, die Zwetschgen in Streifen schneiden. Die Birnenstücke in 400 ml Wasser in 30 Min. weich kochen. Mit dem Kochsud über die Zwetschgen gießen. Die Feigen in Streifen schneiden. Mit Zitronat, Orangeat, Sultaninen, Korinthen und Kirschwasser mischen. Beide Fruchtmischungen mindestens 8 Std. oder über Nacht ziehen lassen.

> Die Birnen-Zwetschgen-Mischung in ein Sieb abgießen, dabei den Kochsud auffangen. Den Sud leicht erwärmen. Für den Teig das Mehl in eine Schüssel sieben und eine Mulde hineindrücken. Die Hefe zerbröseln und in 100 ml lauwarmem Kochsud mit 1 Prise Zucker auflösen. Den Hefeansatz in die Mulde gießen und mit etwas Mehl bestäuben. Zugedeckt an einem warmen Ort ca. 15 Min. gehen lassen.

> Den restlichen Zucker, 50 ml Kochsud, Zimt, Kardamom, Nelken und Salz zum Vorteig geben. Alles zu einem glatten Teig verkneten. Zugedeckt weitere 30 Min. gehen lassen. Beide Fruchtmischung, Mandeln und Nüsse unter den Teig kneten. 15–20 Min. gehen lassen.

> Ein Backblech mit Backpapier belegen. Den Teig auf der bemehlten Arbeitsfläche zu zwei länglichen Laiben formen. Aufs Blech legen und zugedeckt ca. 2 Std. gehen lassen. Den Backofen auf 200 °C (Umluft 180 °C) vorheizen. Die Brote im Ofen (Mitte) ca. 50 Min. backen.

> Für die Deko den restlichen Kochsud mit dem Kartoffelmehl aufkochen. Die warmen Brote damit bestreichen und mit Mandeln und nach Wunsch mit kandierten Früchten belegen. Auskühlen lassen, in Alufolie wickeln und vor dem Servieren 2 Wochen ruhen lassen.

Die englische Variante:
saftig würziger Fruitcake

Für 1 Kuchen (16 Stück)
25 g kandierter Ingwer
50 g Belegkirschen
je 50 g gehacktes Orangeat und Zitronat
je 125 g Rosinen und Korinthen
75 ml Rum oder Brandy
300 g Mehl
1 TL Backpulver
je 1 Msp. geriebene Muskatnuss und gemahlene Nelken
4 Eier
200 g Zucker
250 g weiche Butter
1 Prise Salz
1 TL abgeriebene Bio-Zitronenschale
Puderzucker zum Bestäuben
Fett für die Form

Englischer Weihnachtskuchen

> Ingwer und Kirschen fein hacken. Beides mit Orangeat und Zitronat, Rosinen und Korinthen mischen. Mit Rum übergießen und 2 Std. ziehen lassen.
> Den Backofen auf 180 °C (Umluft 160 °C) vorheizen. Eine Kastenform (30 cm lang) fetten. Mehl, Backpulver, Muskat und Nelken mischen. Die marinierten Früchte unterheben. Die Eier trennen. Das Eiweiß mit 100 g Zucker steif schlagen. Die Butter mit 100 g Zucker und Salz schaumig schlagen. Die Zitronenschale zugeben. Die Eigelbe einzeln einrühren. Die Hälfte vom Eischnee unterheben. Die Mehl-Früchte-Mischung und den restlichen Eischnee behutsam unterheben.
> Den Teig in die Form füllen und die Oberfläche glatt streichen. Den Kuchen im Ofen (Mitte) 50 Min. backen. Mit Alufolie abdecken und in weiteren ca. 15 Min. fertig backen. Den Kuchen leicht abgekühlt aus der Form lösen und auf ein Kuchengitter setzen. Auskühlen lassen und dick mit Puderzucker bestäuben. Den Kuchen in Alufolie wickeln und vor dem Servieren einige Tage durchziehen lassen.

Tipp

Christmas Cake

Die Engländer lieben saftig würzigen Fruitcake – einen Rührkuchen mit vielen kandierten und getrockneten Früchten und feiner Ingwernote. Zur Weihnachtszeit legt man die Früchte zusätzlich in Rum oder Brandy ein. Und schon wird aus schlichtem Früchtekuchen ein festlicher Christmas Cake.

Geschichteter Früchtekuchen

> Die Schokolade fein hacken. Mit Zitronat, Orangeat, Walnüssen und Sultanien mischen, beiseite stellen. Den Backofen auf 180 °C (Umluft 160 °C) vorheizen. Eine Kastenform (30 cm lang) fetten.
> Honig und Marzipan mit dem Handrührgerät verquirlen. Die Butter zugeben und schaumig schlagen. Die Eier einzeln einrühren. Alles zu einer lockeren Masse aufschlagen. Mehl, Backpulver, Salz, Zitronenschale und Haselnüsse mischen. Die Mischung behutsam unterheben.
> Eine dünne Schicht Teig in die Form füllen und mit der Fruchtmischung bestreuen. Fortfahren, bis Teig und Fruchtmischung aufgebraucht sind. Den Kuchen im Ofen (Mitte) ca. 1 Std. backen. Leicht abgekühlt aus der Form lösen und auf ein Kuchengitter setzen.

» Nicht nur Vollwertfans werden von diesem Kuchen begeistert sein. Besonders hübsch sieht er mit Schokoüberzug aus. Dafür 150 g Zartbitterschokoglasur schmelzen, den Kuchen damit bestreichen und mit Mandelblättchen bestreuen. Unter der Schokodecke bleibt der Kuchen auch länger frisch.

Für 1 Kuchen (16 Stück)
80 g Zartbitterschokolade
100 g gehacktes Zitronat und Orangeat (gemischt)
100 g gehackte Walnüsse oder Haselnüsse
100 g getrocknete Kirschen oder Sultanien
300 g Honig
100 g Marzipanrohmasse
350 g weiche Butter
6 Eier
350 g Weizenvollkornmehl
1/2 Päckchen Backpulver
1 Prise Salz
2 TL abgeriebene Bio-Zitronenschale
70 g gemahlene Haselnüsse
Fett für die Form

Adventskuchen

Draußen ist es kalt und stürmisch? Dann kommen Sie doch rein und wärmen Sie sich auf bei einem Tässchen Kaffee oder Tee. Noch ein leckeres Stück Kuchen dazu – und gleich ist Ihnen schön warm. Unsere fein gewürzten Köstlichkeiten aus der Kasten- oder Springform sind eine willkommene Abwechslung zu den Plätzchen in der Adventszeit. Und sie passen perfekt auf die vorweihnachtliche Kaffeetafel.

Frau Grafs Adventskuchen – hier dick bestreut mit fein gehackten Zitronatwürfelchen

Frau Grafs Adventskuchen

Für 1 Kuchen (12 Stück)
250 g Walnuss- oder Haselnusskerne
125 g Zitronat und Orangeat (gemischt)
1 Bio-Zitrone oder 1 Röhrchen Backöl Zitrone
250 g Mehl
1 Päckchen Backpulver
1 EL Kakao
1/2 TL Zimt
1/4 TL gemahlene Nelken
250 g weiche Butter oder Margarine
250 g Zucker
2 Päckchen Vanillezucker
5 Eier
150–200 ml Milch
200 g Puderzucker
3–4 EL Arrak
Fett für die Form

> Nüsse, Zitronat und Orangeat fein mahlen. Die Zitrone heiß abwaschen, trocknen und die Schale dünn abreiben. Den Backofen auf 200 °C (Umluft 180 °C) vorheizen. Eine Springform (26 cm Ø) fetten.
> Mehl, Backpulver, Kakao, Zimt und Nelken mischen. Die Butter mit Zucker und Vanillezucker schaumig schlagen. Die Eier einzeln unterrühren. Die Zitronenschale einrühren. Die Mehlmischung abwechselnd mit der Milch unterheben. Den Teig in die Form füllen und im Ofen (Mitte) ca. 1 Std. backen. Leicht abgekühlt aus der Form lösen und auf einem Kuchengitter auskühlen lassen.
> Puderzucker und Arrak zu einem cremigen Guss verrühren und den Kuchen damit überziehen. Vor dem Servieren 1–2 Tage durchziehen lassen.

» Dieser würzige Nusskuchen gibt den Startschuss in die Adventszeit. Kühl aufbewahrt, bleibt er problemlos 1–2 Wochen frisch. Wer mag, kann den Kuchen auch mit Schokoglasur überziehen. Jetzt noch etwas Streugold drauf – und im Nu wird er zur festlichen Torte.

Barbarakuchen

Für 1 Kuchen (12 Stück)
1 Bio-Zitrone
200 g weiche Butter oder Margarine
200 g Zucker
1 Päckchen Vanillezucker
4 Eier
125 g Mehl
125 g Speisestärke
1 TL Backpulver
150 g Puderzucker
bunter Streuzucker (nach Wunsch)
Fett für die Form

> Den Backofen auf 180 °C (Umluft 160 °C) vorheizen. Eine Kastenform (25 cm lang) oder eine kleine Kranzform (24 cm Ø) fetten. Die Zitrone heiß abwaschen und abtrocknen. Die Schale dünn abreiben, die Frucht auspressen.
> Butter mit Zucker und Vanillezucker schaumig schlagen. Die Eier einzeln unterrühren. Mehl, Speisestärke und Backpulver darüber sieben und unterrühren. Den Teig in die Form füllen und im Ofen (Mitte) ca. 45 Min. backen. Leicht abgekühlt aus der Form lösen und auf ein Kuchengitter setzen.
> Puderzucker und 3–4 EL Zitronensaft zu einem cremigen Guss verrühren und den Kuchen damit überziehen. Nach Wunsch mit Streuzucker verzieren.

Zweifarbiger Weihnachtsstern

Für 1 Kuchen (12 Stück)
200 g weiche Butter oder Margarine
180 g Zucker
1 Päckchen Vanillezucker
1 Prise Salz
4 Eier
250 g Mehl
1 TL Backpulver
3 EL Milch
2 TL Lebkuchengewürz
1 EL Nuss-Nugat-Creme
50 g Rosinen
2 EL Orangenmarmelade oder Orangenlikör
40 g gehackte Mandeln
Puderzucker oder Schokoladenglasur
Fett für die Form

> Den Backofen auf 180 °C (Umluft 160 °C) vorheizen. Eine Sternform (ca. 1,5 l Inhalt) fetten. Butter mit Zucker, Vanillezucker und Salz schaumig schlagen. Die Eier einzeln unterrühren. Mehl und Backpulver darüber sieben und unterrühren. Die Milch einrühren.

> Den Teig halbieren. Eine Hälfte mit Lebkuchengewürz und Nuss-Nugat-Creme verrühren. Die Rosinen fein schneiden und unterheben. Die zweite Hälfte des Teigs mit Marmelade und Mandeln mischen. Die Hälfte vom hellen Teig in die Form füllen. Den dunklen Teig darauf verteilen und mit dem restlichen hellen Teig abdecken. Den Kuchen im Ofen (Mitte) ca. 45 Min. backen. Leicht abgekühlt aus der Form lösen und auf ein Kuchengitter setzen. Nach Wunsch mit Puderzucker bestäuben oder mit Schokoglasur überziehen.

» Sie können den Kuchen auch wunderbar als **Weihnachtsmarmorkuchen** backen. Dafür beide Teige in eine Gugelhupfform (24 cm Ø) füllen und mit einer Gabel spiralförmig verziehen. Wie beschrieben backen.

Zweifarbiger Weihnachtsstern, ganz schlicht mit Puderzucker bestreut

Äpfel im Schnee

Für 1 Kuchen (12 Stück)
1 Bio-Zitrone
150 g weiche Butter oder Margarine
75 g Zucker
1 Päckchen Vanillezucker
4 Eier
je 2 EL Mandellikör und Milch (oder 4 EL Milch)
200 g Mehl
2 TL Backpulver
50 g gemahlene Mandeln
7 mittelgroße Äpfel
7 TL rote Konfitüre (z.B. Himbeer, Hagebutte, Johannisbeer)
10 g Butter zum Bestreichen
Puderzucker zum Bestäuben
Fett für die Form

- Den Backofen auf 200 °C (Umluft 180 °C) vorheizen. Eine Springform (26 cm Ø) fetten. Die Zitrone heiß abwaschen, trocknen und die Schale dünn abreiben.
- Butter, Zucker und Vanillezucker schaumig schlagen. Die Zitronenschale zugeben. Die Eier einzeln einrühren. Mehl, Backpulver und Mandeln mischen. Mit Likör und Milch unterrühren. Den Teig in die Form füllen.
- Die Äpfel schälen und die Kerngehäuse mit einem Apfelausstecher herausstechen. Die Äpfel in den Teig setzen und mit Marmelade füllen. Den Kuchen im Ofen (Mitte) ca. 30 Min. backen. Leicht abgekühlt aus der Form lösen. Vor dem Servieren 10 g Butter schmelzen und den Kuchen damit bepinseln. Dick mit Puderzucker bestäuben.

Engelstränenkuchen

Für 1 Kuchen (12 Stück)
Für den Teig:
75 g kalte Butter
200 g Mehl + Mehl zum Arbeiten
1 EL Kakao
70 g Zucker
je 1 TL abgeriebene Bio-Orangen- und Zitronenschale
1 Ei
Für den Belag:
3 Eier
500 g Quark
150 g + 75 g Zucker
1 Päckchen Vanillezucker
1 Päckchen Vanillepuddingpulver zum Kochen
500 ml Milch
3 TL Zitronensaft
1 Prise Salz
Fett für die Form

- Die Butter in Stückchen teilen. Mehl, Kakao, Zucker, Zitrusschale, Ei und die Butterstückchen rasch zu einem glatten Teig verkneten. Den Teig in Frischhaltefolie wickeln und 30 Min. kühl stellen.
- Inzwischen für den Belag die Eier trennen. Die Eigelbe mit Quark, 150 g Zucker, Vanillezucker, Puddingpulver, Milch und Zitronensaft verquirlen. Den Backofen auf 180 °C (Umluft 160 °C) vorheizen. Ein Springform (26 cm Ø) fetten.
- Den Teig auf der bemehlten Arbeitsfläche rund ausrollen und in die Form legen. Dabei einen 4 cm hohen Rand formen. Die Quarkcreme gleichmäßig darauf verteilen. Den Kuchen im Ofen (Mitte) ca. 50 Min. backen.
- Die Eiweiße mit Salz steif schlagen. Dabei langsam 75 g Zucker einrieseln lassen. Den Kuchen aus dem Ofen nehmen. Das Baiser mit einem Löffel darauf verteilen und die Spitzen etwas hochziehen. Den Kuchen in ca. 10 Min. fertig backen.

» Wenn Engel weinen ... dann können es eigentlich nur Freudentränen sein, denn dieser Kuchen schmeckt so lecker. Übrigens: Die Tränchen bilden sich erst beim Abkühlen auf dem Baiser.

Lust auf Lebkuchen

Die wunderbar würzigen Küchlein sind eckig oder rund, kugelig oder flach, zu Figuren oder Fladen geformt. Die bekanntesten sind sicherlich die Aachener Printen und Nürnberger Lebkuchen. Doch die Lebkuchenfamilie ist riesig. Auch Honigkuchen und Pfeffernüsse gehören dazu. Machen Sie doch Bekanntschaft mit dieser köstlichen Familie. Sie werden schnell Freundschaft schließen.

Honigsüßes frisch vom Blech

Honigkuchen gibt es wohl schon so lange wie das Backhandwerk selbst. Für die antiken Völker waren Honigkuchen jedoch mehr als leckeres Gebäck. Es besaß magische, heilende und lebensspendende Kräfte, war Talismann, Grabbeigabe und Opfergabe. Auch die Germanen in Nordeuropa kannten Honigkuchen. Sie backten sie zur Wintersonnwende, denn das honigsüße Gebäck schützte vor den umherziehenden Geistern in den „Rauhnächten".
Heute essen wir feines Honigkuchengebäck besonders gerne zur Weihnachtszeit. Das nennen wir mal Honigkuchen, mal Lebkuchen. Aber es gibt doch einen kleinen Unterschied: Honigkuchen enthalten in der Gesamtmenge der Süßungsmittel mindestens 50 Prozent Honig, Lebkuchen nicht.

Bunt verzierte Lebkuchenfiguren kommen besonders bei Kindern gut an.

Lebkuchenfiguren

Für ca. 20 Stück (je nach Größe)
250 g Honig
100 g Zucker
125 g Butter
500 g Mehl + Mehl zum Arbeiten
1 TL Backpulver
1 Päckchen Lebkuchengewürz (15 g)
1 EL Kakao
1 Ei
Backpapier fürs Blech
weihnachtliche Ausstechförmchen oder Schablonen in verschiedenen Größen

Für die Deko:
200 g Puderzucker
3–4 EL Milch
bunte Zuckerstreusel nach Wunsch

> Honig, Zucker und Butter langsam unter Rühren erwärmen, bis sich der Zucker löst. In eine Rührschüssel füllen und lauwarm abkühlen lassen.
> Mehl, Backpulver, Lebkuchengewürz und Kakao mischen. Mehlmischung und Ei zur Honigmasse geben und alles mit den Knethaken des Handrührgeräts zu einem glatten Teig verkneten. Den Teig in Frischhaltefolie wickeln und 2 Std. kühl stellen.
> Den Backofen auf 180 °C (Umluft 160 °C) vorheizen. Zwei Backbleche mit Backpapier belegen. Den Teig auf der dünn bemehlten Arbeitsfläche 5 mm dick ausrollen und beliebige Figuren ausstechen oder ausschneiden. Aufs Blech legen und im Ofen (Mitte) 12–15 Min. backen. Mit dem Papier vom Blech ziehen und abkühlen lassen.
> Für die Deko Puderzucker und Milch zu einem cremigen Guss verrühren und die Lebkuchen damit bestreichen oder bemalen. Nach Wunsch mit bunten Zuckerstreuseln verzieren.

» Aus diesem Grundteig können Sie nach Lust und Laune Figuren und Plätzchen ausstechen oder ausschneiden. Die Lebkuchen machen sich auch gut als **Christbaumschmuck**, **Geschenkanhänger** oder **Platzkärtchen** für die weihnachtliche Tafel. Dafür schreiben Sie mit Zuckerschrift (Fertigprodukt) Namen auf die Küchlein. Für Baumschmuck und Geschenkanhänger vor dem Backen ein Loch in die Teiglinge stechen und sofort nach dem Backen nachstechen.

Tipp

Hoch den Teig

Für Honigkuchen, Lebkuchen und Printen werden traditionell Pottasche und Hirschhornsalz verwendet. Bei Pottasche entfaltet sich das Gebäck in die Breite, Hirschhornsalz treibt das Gebäck in die Höhe. Beide gibt man nicht einfach so in den Teig, sondern verrührt sie vorher je nach Rezept mit Milch, Wasser, Alkohol oder Eiweiß. Und ganz wichtig: Nur unter den lauwarm abgekühlten Teig rühren. Hitze zerstört nämlich ihre Wirkung. Moderne Rezepte verwenden als Triebmittel meist Backpulver oder Natron.

Basler Leckerli

Für ca. 50 Stück
375 g Honig
250 g brauner Zucker
1 Bio-Zitrone
je 75 g Orangeat und Zitronat
1 1/2 EL Zimt
1 Prise gemahlene Nelken
1 Msp. geriebene Muskatnuss
200 g gehackte Mandeln
1/2 TL Pottasche
1 EL Kirschwasser
500 g Mehl + Mehl zum Arbeiten
Backpapier fürs Blech
Für die Deko:
150 g Puderzucker
2 EL Kirschwasser

> Honig und Zucker unter Rühren erhitzen, bis sich der Zucker löst. Zimt, Nelken und Muskat einrühren. Die Honigmasse lauwarm abkühlen lassen. Inzwischen die Zitrone heiß abwaschen, trocknen und die Schale dünn abreiben. Orangeat und Zitronat sehr fein hacken.

> Mandeln, Orangeat, Zitronat und Zitronenschale in den Honigmasse rühren. Pottasche und Kirschwasser verrühren. Mit dem Mehl zur Honigmasse geben und alles zu einem glatten Teig verkneten.

> Ein Backblech mit Backpapier belegen. Den Teig auf der bemehlten Arbeitsfläche ca. 5 mm dick in Blechgröße ausrollen. Aufs Blech legen und zugedeckt mindestens 8 Std. oder über Nacht ruhen lassen.

> Den Backofen auf 200 °C (Umluft 180 °C) vorheizen. Den Teig darin 15–20 Min. backen. Herausnehmen und die warme Teigplatte auf dem Blech in Quadrate oder Rauten schneiden.

> Für die Deko Puderzucker und Kirschwasser zu einem Guss verrühren und die Schnitten damit überziehen. Die Leckerli vom Blech lösen und auf einem Kuchengitter auskühlen lassen.

» Die Leckerli in Dosen schichten und vor dem Servieren einige Tage ruhen lassen.

Lebkuchengeschichten

Eine wunderschöne Legende rankt sich um die Entstehung der Lebkuchen. Wie man sich erzählt, waren die Hirten auf dem Feld vor Bethlehem gerade dabei Brot zu backen, als der Weihnachtsstern am Himmel aufleuchtete. Sofort eilten sie ihm hinterher nach Bethlehem – vergaßen dabei aber völlig ihr Brot im Ofen. Als sie zurückkehrten, strömte ihnen jedoch statt des Geruchs nach verbrannten Laiben ein herrlicher Duft entgegen. Und statt verkohltem Brot fanden sie im Ofen ein feines, dunkles Gebäck, das köstlich schmeckte. Zur Erinnerung an dieses Wunder in der Christnacht backen wir die kleinen, würzigen Himmelsküchlein jedes Jahr.

Honigriegel

Für ca. 40 Stück
125 g Honig
50 g Vollrohrzucker
40 g Butter
1 Bio-Orange
250 g Dinkelvollkornmehl
25 g gemahlene Mandeln
2 TL Lebkuchengewürz
1/2 TL Zimt
25 g getrocknete Feigen oder Aprikosen
1 Ei (Größe S)
1 TL Pottasche
1 EL Kirschwasser
1 Eiweiß
100 g geschälte ganze Mandeln
150 g Vollmilch-, Zartbitter- oder weiße Kuvertüre
1 TL Öl
Backpapier fürs Blech

> Die Orange heiß abwaschen und abtrocknen. Die Schale dünn abreiben, den Saft auspressen. 50 ml Orangensaft, Honig, Zucker und Butter langsam unter Rühren erhitzen, bis sich der Zucker löst. In eine Rührschüssel umfüllen und lauwarm abkühlen lassen.
> Mehl, Mandeln, Lebkuchengewürz und Zimt mischen. Die Feigen in kleine Würfel schneiden. Die Pottasche im Kirschwasser auflösen. Mehlmischung, Feigen, Pottasche, Ei und Orangenschale zur Honigmasse geben. Alles zu einem weichen Teig verkneten. Den Teig abgedeckt ca. 3 Std. kühl stellen.
> Den Backofen auf 180 °C (Umluft 160 °C) vorheizen. Ein Backblech mit Backpapier belegen. Den Teig auf der dünn bemehlten Arbeitsfläche zu einem Rechteck (ca. 16 x 40 cm) ausrollen. In Streifen (2 x 8 cm) schneiden und aufs Blech legen. Das Eiweiß leicht verquirlen und die Streifen damit bestreichen. Im Backofen (Mitte) 12–15 Min. backen. Mit dem Papier vom Blech ziehen und kurz abkühlen lassen.
> Die Kuvertüre mit dem Öl über dem heißen Wasserbad schmelzen lassen. Die Riegel zur Hälfte eintauchen und jeweils 2 Mandeln in die flüssige Schokolade drücken. Auf einem Kuchengitter trocknen lassen.

Hagebuttenherzen

Für ca. 70 Stück
80 g kalte Butter
250 g Mehl + Mehl zum Arbeiten
1 TL Natron
2 EL gemahlene Mandeln
75 g Zucker
3 TL Lebkuchengewürz
1 Ei / 150 g Honig
100 g Hagebuttenkonfitüre
300 g Marzipanrohmasse
100 g Puderzucker
200 g dunkle Schokoglasur
25 g weiße Schokoladenherzchen
Backpapier fürs Blech
Herzausstecher (ca. 5 cm Ø)

> Die Butter in Stückchen teilen. Mehl, Natron, Mandeln, Zucker und Lebkuchengewürz mischen. Mit Ei, Honig und den Butterstückchen rasch zu einem glatten Teig verkneten. Den Teig in Frischhaltefolie wickeln 1 Std. kühl stellen.
> Den Backofen auf 180 °C (Umluft 160 °C) vorheizen. Zwei Backbleche mit Backpapier belegen. Den Teig auf der bemehlten Arbeitsfläche ca. 5 mm dick ausrollen und Herzen ausstechen. Aufs Blech legen und im Backofen 8–10 Min. backen. Mit dem Papier vom Blech ziehen und auskühlen lassen.
> Die Konfitüre erwärmen und die Herzen dünn damit bestreichen. Das Marzipan mit dem Puderzucker verkneten. Zwischen Frischhaltefolie ca. 2 mm dick ausrollen und Herzen ausstechen. Jeweils 1 Marzipanherz auf ein Plätzchen legen.
> Die Schokoglasur nach Packungsangabe erwärmen und die Herzen damit überziehen. Mit den weißen Schokoherzchen verzieren und gut trocknen lassen.

Coburger Schmätzchen – eine leckere Knabberei für Groß und Klein

Spitzkuchen

Für ca. 40 Stück
175 g Honig
50 g brauner Zucker
1 Prise Salz
2 EL Öl
250 g Mehl
3 gestrichene TL Backpulver
2 TL Kakao
1/4 TL gemahlenes Piment (Nelkenpfeffer)
1 TL Zimt
1/2 TL abgeriebene Bio-Zitronenschale
1 Ei
75 g gehackte Mandeln
125 g Johannisbeergelee
200 g Zartbitterkuvertüre
1 TL Öl
Backpapier fürs Blech

> Honig, Zucker, Salz und Öl in einem Topf erwärmen, bis sich der Zucker löst. In eine Rührschüssel füllen und ganz abkühlen lasen. Mehl, Backpulver, Kakao, Piment, Zimt und Zitronenschale mischen. Mehlmischung, Ei und Mandeln zur Honigmasse geben und alles zu einem glatten Teig verkneten. Den Teig abgedeckt 1 Std. kühl stellen.

> Den Backofen auf 180 °C (Umluft 150 °C) vorheizen. Ein Backblech mit Backpapier belegen. Aus dem Teig Rollen (ca. 2 cm Ø) formen und aufs Blech legen. Im Ofen (Mitte) 20–25 Min. backen. Abkühlen lassen.

> Das Gelee erwärmen. Die Rollen in Dreiecke schneiden und dünn mit dem heißen Gelee bestreichen. Mindestens 8 Std. oder über Nacht trocknen lassen.

> Die Kuvertüre mit dem Öl schmelzen lassen. Die Spitzkuchen einzeln auf eine Gabel spießen und hineintauchen. Abtropfen lassen und auf einem Kuchengitter gut trocknen lassen.

Coburger Schmätzchen

Für ca. 70 Stück
75 g gehacktes Orangeat und Zitronat (gemischt)
250 g Mehl
1 TL Natron
1 TL Kakao
1 TL Lebkuchengewürz
1 TL Zimt
1 Ei
2 EL Honig
200 g Zucker
100 g gehackte Mandeln oder Nüsse
50 g kalte Butter oder Margarine
Backpapier fürs Blech

> Orangeat und Zitronat sehr fein hacken. Mehl, Natron, Kakao, Lebkuchengewürz und Zimt auf der Arbeitsfläche mischen. In die Mitte eine Vertiefung drücken. Ei und Honig hineingeben. Zucker, Mandeln, das Orangeat und Zitronat auf den Rand streuen. Die Butter in Stückchen teilen und daraufsetzen. Alles rasch zu einem glatten Teig verkneten. Den Teig zu Rollen (2–3 cm Ø) formen, in Frischhaltefolie wickeln und 2 Std. kühl stellen.

> Den Backofen auf 180 °C (Umluft 160 °C) vorheizen. Zwei Backbleche mit Backpapier belegen. Die Rollen in knapp 1 cm dicke Scheiben schneiden. Die Scheiben mit ausreichend Abstand aufs Blech legen und im Ofen (Mitte) ca. 10 Min. backen. Mit dem Papier vom Blech ziehen und abkühlen lassen.

» Die Schmätzchen (hochdeutsch „Küsschen“) sind ein altes Weihnachts- und Neujahrsgebäck. Wer mag, taucht die fertigen Plätzchen noch zur Hälfte in flüssige dunkle Kuvertüre und legt ein Stückchen Blattgold darauf.

Tipp

Lebkuchen-Lassi

Ihnen ist beim Backen heiß geworden? Da hilft ein schnell gemixter Lebkuchen-Lassi. Pro Glas 1 reife Banane schälen und in Scheiben schneiden. Die Scheiben mit 1 TL Zitronensaft, 100 g griechischem Sahnejoghurt, 1/2 TL Lebkuchengewürz, 1 TL Puderzucker und 5 Eiswürfeln im Mixer oder mit dem Pürierstab schaumig pürieren. In ein hohes Glas füllen und sofort servieren.

Fein würzig – Printen & Co.

Für Printen und Pfeffernüsse darf das Honigglas im Schrank bleiben. Sie werden nämlich mit Zuckerrübensirup gesüßt. Aber reichlich exotische Gewürze dürfen nicht fehlen. Die bezeichnete man früher übrigens der Einfachheit halber rundum als „Pfeffer". Das spiegelt sich bis heute in Namen wie Pfeffernüsse oder Pfefferkuchen für klassisches norddeutsches Weihnachtsgebäck.

Aachener Printen, hier mit Schokoüberzug. Wer mag, streut als Deko noch kandierte Früchte darauf.

Aachener Printen

Für ca. 60 Stück
1 Vanilleschote
60 g Orangeat
200 g Rübensirup
50 g Schweine- oder Butterschmalz
je 1/2 Teel. gemahlener Anis, Ingwer, Kardamom, Nelken und Zimt
5 g Hirschhornsalz
1 TL Orangenblütenwasser (aus der Apotheke)
300 g Mehl + Mehl zum Arbeiten
50 g Grümmelkandis
1 Eiweiß
75 g Hagelzucker
Backpapier fürs Blech

> Die Vanilleschote längs aufschlitzen und das Mark herausschaben. Das Orangeat fein hacken. Sirup und Butter in einem Topf langsam unter Rühren erwärmen. In eine Rührschüssel füllen. Vanillemark, Orangeat und die Gewürze dazugeben und abkühlen lassen.

> Hirschhornsalz im Orangenblütenwasser auflösen. Mit dem Mehl unter die Sirupmasse kneten. Grümmelkandis unter den Teig kneten. Den Teig abgedeckt mindestens 8 Std. oder über Nacht bei Zimmertemperatur ruhen lassen.

> Den Backofen auf 180 °C (Umluft 160 °C) vorheizen. Zwei Backbleche mit Backpapier belegen. Den Teig nochmals mit den Händen kräftig durchkneten und auf der dünn bemehlten Arbeitsfläche ca. 5 mm dick ausrollen. Rechtecke (3 x 8 cm) ausschneiden und aufs Blech legen. Im Ofen (Mitte) 10–15 Minuten backen.

> Das Eiweiß mit einer Gabel leicht verquirlen und die Printen damit bestreichen. Sofort mit Hagelzucker bestreuen und abkühlen lassen. Printen in eine Dose schichten und leicht geöffnet etwa 2 Wochen stehen lassen, bis sie weich werden.

Gebackene Illustrierte

Printen waren ursprünglich mit Modeln zu Heiligenbildern oder anderen Motiven gepresste harte Honigkuchen. Diese teils sehr kunstvollen Printenbilder galten als „gebackene Illustrierte". Das Hineinpressen in die Form (Niederländisch „prenten") gab dem Gebäck auch seinen Namen. Von der harten Printe brach man ein Stück ab und lutschte genüsslich darauf herum. Im 19. Jahrhundert stieg man dann auf Sirup um. Doch – oh, Schreck – der Teig lief aus der Form, die Bilder wurden „unscharf". So ließ man das Modeln schließlich sein, und aus den kunstvollen Bildern wurden die schlichten Schnitten, die wir heute backen.

Sternenprinten mit Nuss

Für ca. 50 Stück
175 g Rübensirup
50 g brauner Zucker
50 g Butter
1 Eigelb
1 TL Lebkuchengewürz
1/2 gestrichener TL Hirschhornsalz
5 EL Milch
250 g Mehl + Mehl zum Arbeiten
1/4 TL Pottasche
150 g Erdnusskerne
100 g Schokoladenglasur
150 g Vollmilchkuvertüre
Backpapier fürs Blech
Sternausstecher (5 cm Ø)

> Sirup, Zucker und Butter langsam unter Rühren erwärmen, bis sich der Zucker löst. In eine Rührschüssel füllen und abkühlen lassen. Eigelb und Lebkuchengewürz unterrühren. Hirschhornsalz in 1 EL Milch auflösen und mit dem Mehl unterkneten. Pottasche in 1 TL Milch auflösen und ebenfalls unterkneten. Den Teig in Frischhaltefolie wickeln und mindestens 8 Std. oder über Nacht kühl stellen.

> Die Erdnüsse grob hacken. In einer beschichteten Pfanne ohne Fett rösten, bis sie duften. Beiseite stellen. Den Backofen auf 180 °C (Umluft 160 °C) vorheizen. Zwei Backbleche mit Backpapier belegen.

> Den Teig auf der bemehlten Arbeitsfläche ca. 4 mm dick ausrollen und Sterne ausstechen. Aufs Blech legen und dünn mit Milch bestreichen. Mit 100 g Erdnüssen bestreuen und im Ofen (Mitte) 9-10 Min. backen. Auf dem Blech abkühlen lassen.

> Für die Deko Schokoglasur und Kuvertüre grob hacken. Über dem heißen Wasserbad schmelzen lassen. Die Sterne in die Kuvertüre tauchen, abtropfen lassen und auf ein Kuchengitter setzen. Mit 50 g Erdnüssen bestreuen. Gut trocknen lassen.

Frau Timmers Braune Kuchen

Für ca. 100 Stück
400 g Mehl (Type 550) + Mehl zum Arbeiten
3 TL Backpulver
5 TL Pfefferkuchengewürz (10 g)
1 Ei (Größe S)
225 g Rübensirup
175 g Zucker
60 g weiche Butter oder Margarine
125 g weiches Schweine- oder Butterschmalz
gehackte Mandeln oder bunter Streuzucker zum Bestreuen
Backpapier fürs Blech
weihnachtliche Ausstechförmchen

> Mehl, Backpulver und Pfefferkuchengewürz auf die Arbeitsfläche sieben. Mit Ei, Sirup, Zucker, Butter und Schmalz zu einem geschmeidigen Teig verkneten. Den Teig zugedeckt mindestens 8 Std. oder über Nacht kühl stellen.

> Den Backofen auf 170 °C (Umluft 150 °C) vorheizen. Zwei Backbleche mit Backpapier belegen. Den Teig portionsweise auf der bemehlten Arbeitsfläche 3 mm dick ausrollen. Verschiedene Plätzchen ausstechen und aufs Blech legen. Mit gehackten Mandeln bestreuen und im Ofen (Mitte) in ca. 8 Min. goldbraun backen. Mit dem Papier vom Blech ziehen und auskühlen lassen.

» Diese knackigen Braunen Kuchen sind ein altes Familienrezept aus Schleswig-Holstein. Dort werden sie in vielen Familien traditionell in der Adventszeit gebacken. Der Teig muss zum Ausrollen wirklich eiskalt sein. Nehmen Sie also immer nur so viel Teig aus dem Kühlschrank wie Sie gerade benötigen. Und rollen Sie den Teig sehr dünn aus, sonst sind die fertigen Kekse nicht kross genug.

Braune Kuchen – dafür muss der würzige Teig sehr dünn ausgerollt werden.

Pfeffernüsse mit Schokoschopf

Für ca. 80 Stück
40 g gehacktes Zitronat oder Orangeat
2 Eier
200 g Zucker
1/2 TL Zimt
1/2 TL gemahlener weißer Pfeffer
je 1 Msp. gemahlene Muskatnuss und Piment
270 g Mehl
1/2 TL Backpulver
Backpapier fürs Blech
Für die Deko:
200 g weiße Kuvertüre
1 TL Öl

> Das Zitronat ganz fein hacken. Eier und Zucker dickschaumig aufschlagen. Zitronat, Gewürze, Mehl und Backpulver mischen. Auf den Eierschaum streuen und alles rasch zu einem glatten Teig verkneten. Den Teig in Frischhaltefolie wickeln und 30 Min. kühl stellen.

> Den Backofen auf 180 °C (Umluft 160 °C) vorheizen. Zwei Backbleche mit Backpapier belegen. Aus dem Teig walnussgroße Kugeln formen und mit Abstand aufs Blech setzen. Im Ofen (Mitte) ca. 15 Min. backen. Auf einem Kuchengitter auskühlen lassen.

> Für die Deko die Kuvertüre grob hacken. Mit dem Öl über dem heißen Wasserbad schmelzen lassen. Die Pfeffernüsse mit der Oberseite in die flüssige Kuvertüre tauchen, abtropfen und auf einem Kuchengitter trocknen lassen.

Tipp

Richtig aufbewahren

Printen, Pfeffernüsse und Braune Kuchen sind nach dem Backen oft ziemlich hart. Erst mit der Zeit werden sie weich. Deshalb bäckt man dieses Gebäck schon zu Beginn der Adventszeit. Am besten lagern die Printen in Blechdosen. Hier können sie in Ruhe weich werden und ihr Aroma entfalten. Wer's eilig hat, lässt die Dosen halb geöffnet. So holen die Printen sich die Feuchtigkeit aus der Zimmerluft und werden schneller weich.

Auf Oblaten gebacken

Den Teig auf Oblaten streichen, kurz in den Ofen schieben und fertig sind köstliche Lebkuchen. Wer mag, dekoriert die Küchlein noch mit Zucker- oder Schokoguss, Mandeln, Walnusshälften oder kandierten Fruchtstückchen.
Oblatenlebkuchen sind für viele die eigentlichen Lebkuchen. Die Klassiker auf dem Weihnachtsteller haben schon ein paar Jährchen auf dem sanft gewölbten Buckel. Vor ihrer Karriere als Weihnachtsleckerei waren Lebkuchen eigentlich Arzneimittel, gebacken in den mittelalterlichen Klöstern. Dort kamen die findigen Klosterbäcker auch auf die Idee, den Teig auf Oblaten zu setzen. Aus praktischen Gründen, denn so blieben die Fladen nicht auf dem Blech kleben.

Oblatenlebkuchen mit Schokoüberzug oder Puderzuckerglasur – ganz nach Geschmack

Tipp

Die Lebkuchenglocke

Das Formen von Oblatenkuchen geht besonders fix mit der Lebkuchenglocke: Den Teig in die Glocke streichen, eine Oblate auflegen, das Oberteil drehen und den Lebkuchen aufs Blech fallen lassen. Wenn Sie häufig Lebkuchen backen, lohnt sich diese Anschaffung (siehe Seite 156).

Nürnberger Lebkuchen

Für ca. 35 Stück
100 g Haselnusskerne
100 g gehackte Mandeln
je 25 g gehacktes Orangeat und Zitronat
4 Eier / 250 g Zucker
1 Prise Salz, 2 TL Zimt
je 1 TL gemahlener Kardamom und Nelken
1 Msp. Muskatblüte (Macis)
250 g Mehl
30 Backoblaten (70 mm Ø)
200 g dunkle Schokoglasur oder Puderzuckerglasur (s. S. 27)
30 abgezogene Mandeln
Backpapier fürs Blech

> Die Nüsse fein hacken oder mahlen. Mit den Mandeln in einer beschichteten Pfanne ohne Fett hellbraun rösten. Orangeat und Zitronat etwas feiner hacken.
> Eier und Zucker dickschaumig aufschlagen. Salz, Gewürze, Mandeln, Nüsse, Fruchtstückchen und Mehl einrühren. Den Teig zugedeckt mindestens 8 Std. oder über Nacht kühl stellen.
> Den Backofen auf 180 °C (Umluft 160 °C) vorheizen. Zwei Backbleche mit Backpapier belegen. Den Teig mit einem angefeuchteten Messer ca. 1 cm dick auf die Oblaten streichen. Die Lebkuchen aufs Blech legen und im Ofen (Mitte) 12–15 Min. backen. Mit dem Papier vom Blech ziehen und abkühlen lassen.
> Die Schokoglasur nach Packungsangabe erwärmen und die Lebkuchen damit überziehen. Mit je 1 Mandel belegen und auf einem Kuchengitter trocknen lassen.

Schokoladenlebkuchen

Für ca. 35 Stück
400 g Haselnusskerne
200 g Blockschokolade
160 g weiche Butter
200 g Zucker, 5 Eier
4 Tropfen Bittermandel-Backöl
je 2 cl Eierlikör und 2 cl Rum
2 EL Mehl
2 gestrichene TL Backpulver
20 g Lebkuchengewürz
40 runde Oblaten (70 mm Ø)
200 g dunkle Schokoglasur oder Puderzuckerglasur (s. S. 27)
Backpapier fürs Blech

> Nüsse und Schokolade mahlen. Den Backofen auf 180 °C (Umluft 160 °C) vorheizen. Zwei Backbleche mit Backpapier belegen.
> Butter und Zucker schaumig schlagen. Die Eier einzeln einrühren. Nüsse, Schokolade, Bittermandelöl, Eierlikör und Rum unterrühren. Mehl, Backpulver und Lebkuchengewürz mischen und unterheben. Den Teig mit einem angefeuchteten Messer ca. 1 cm dick auf die Oblaten streichen. Die Lebkuchen aufs Blech legen und im Ofen (Mitte) ca. 15 Min. backen. Mit dem Papier vom Blech ziehen und kurz abkühlen lassen.
> Die Schokoglasur nach Packungsangabe erwärmen und die Lebkuchen damit überziehen. Trocknen lassen.

Feine Kartoffellebkuchen

Für ca. 35 Stück
350 g gekochte Kartoffeln vom Vortag
250 g Nüsse (Wal- oder Haselnüsse)
50 g Zartbitterschokolade
25 g Orangeat
25 g Zitronat
3 Eier
300 g brauner Zucker
1 TL Zimt
1 TL gemahlener Ingwer
1 TL Lebkuchengewürz
225 g Mehl
1 1/2 TL Backpulver
40 runde Oblaten (70 mm Ø)
200 g Schokoladenglasur oder Puderzuckerglasur (siehe Seite 27)
Backpapier fürs Blech

> Die Kartoffeln pellen und durch die Kartoffelpresse drücken oder fein reiben. Nüsse, Schokolade, Orangeat und Zitronat fein mahlen.
> Eier und Zucker dickschaumig rühren. Die Gewürze, Nüsse, Schokolade, Orangeat und Zitronat einrühren. Die Kartoffeln zugeben. Mehl und Backpulver mischen und unterheben.
> Den Backofen auf 180 °C (Umluft 160 °C) vorheizen. Zwei Backbleche mit Backpapier belegen. Den Teig mit einem angefeuchteten Messer ca. 1 cm dick auf die Oblaten streichen. Die Lebkuchen aufs Blech legen und im Backofen (Mitte) ca. 15 Min. backen. Mit dem Papier vom Blech ziehen und kurz abkühlen lassen.
> Die Schokoglasur nach Packungsangabe erwärmen und die Lebkuchen damit überziehen. Auf einem Kuchengitter trocknen lassen.

›› Zugegeben, Kartoffeln als Zutat für Lebkuchen klingen etwas ungewöhnlich. Aber trauen Sie sich nur, Sie werden vom saftig würzigen Ergebnis überrascht sein.

Ingwer-Kokos-Lebküchlein

Für ca. 40 Stück
2 Bio-Limetten
150 g gemischte exotische Trockenfrüchte
80 g kandierter Ingwer
200 g Kokosraspel
3 Eier
120 g brauner Zucker
1 Prise Salz
1 EL Rum
1/2 TL Backpulver
50 runde Oblaten (50 mm Ø)
150 g dunkle Schokoglasur
Backpapier fürs Blech

> Die Limetten heiß abwaschen und abtrocknen. Die Schale dünn abreiben. 100 g Fruchtmix, 50 g Ingwer und die Kokosraspeln fein mahlen. Die Eier mit Zucker und Salz dickschaumig aufschlagen. Limettenschale, Frucht-Kokos-Mix, Rum und Backpulver unterziehen. Den Teig abgedeckt 3 Std. kühl stellen.
> Zwei Backbleche mit Backpapier belegen. Die Masse mit einem angefeuchteten Messer ca. 1 cm dick auf die Oblaten streichen. Den Backofen auf 180 °C (Umluft 160 °C) vorheizen. Die Lebkuchen im Ofen (Mitte) ca. 12 Min. backen. Auf einem Kuchengitter abkühlen lassen.
> 50 g Fruchtmix und 30 g Ingwer in kleine Würfel schneiden. Die Schokoglasur nach Packungsangabe erwärmen und die Lebkuchen damit überziehen. Mit den Fruchtwürfelchen bestreuen und trocknen lassen.

›› Lebkuchen können auch exotisch sein, wie diese Kombination zeigt. Am leichtesten tun Sie sich beim Zerkleinern der Trockenfrüchte, wenn Sie immer eine Portion Kokosraspel dazugeben. So kleben die Früchte nicht in Mühle oder Mixer fest.

Bei den feinen Elisenlebkuchen müssen mindestens 25 % Nüsse und maximal 10 % Mehl in den Teig.

Für ca. 35 Stück
100 g Orangeat
100 g Zitronat
5 Eier
300 g brauner Zucker
1 Päckchen Vanillezucker
250 g gehackte Mandeln
250 g gemahlene Wal- oder Haselnüsse
2 EL Kakao
15 g Lebkuchengewürz
15 g Zimt
Schuss Rum
35 runde Oblaten (70 mm Ø)
200 g dunkle Schokoglasur oder Puderzuckerglasur (siehe Seite 27)
Backpapier fürs Blech

Elisenlebkuchen

> Zitronat und Orangeat fein mahlen. Die Eier mit Zucker und Vanillezucker dickschaumig rühren. Mandeln, Nüsse, Kakao, Zitronat und Orangeat einrühren. Lebkuchengewürz, Zimt und Rum unterheben. Den Teig zugedeckt mindestens 8 Std. oder über Nacht kühl stellen.

> Den Backofen auf 180 °C (Umluft 160°) vorheizen. Zwei Backbleche mit Backpapier belegen. Den Teig mit einem angefeuchteten Messer ca. 1 cm dick auf die Oblaten streichen. Die Lebkuchen aufs Blech legen und im Backofen (Mitte) in ca. 15 Min. zart hellbraun backen. Mit dem Papier vom Blech ziehen und kurz abkühlen lassen.

> Die Schokoglasur nach Packungsangabe erwärmen und die Lebkuchen damit überziehen. Auf einem Kuchengitter trocknen lassen.

Für Elise

Die Reichsstadt Nürnberg ist schon seit 1400 ein Zentrum der Lebküchnerei. Als Krone der Zunft gilt der Elisenlebkuchen mit seinen besonders hochwertigen Zutaten. Elise übrigens war die Tochter des Nürnberger Lebküchners Haeberlein-Metzger. Ihr zu Ehren schuf der Papa 1808 diesen besonders feinen Lebkuchen.

Ausgestochen & gespritzt

Willkommen in der köstlichen Welt der kleinen, feinen Weihnachtsplätzchen aus butterzartem Mürbeteig. Klassische Spezialitäten und trendige Newcomer bescheren echte Sternstunden im Advent. Los geht's mit Keksen, die mit Förmchen aus dem Teig gestochen werden. Sie überzeugen ganz schlicht oder mit verschiedenen Füllungen. Aber der Teig lässt sich auch mit Modeln oder der Gebäckpresse in Form bringen. So entstehen Spekulatius und Spritzgebäck.

Schlicht köstlich

Den Teig kneten, ausrollen, die schönsten Motive ausstechen und nach Herzenslust verzieren. Diese Technik ist vor allem bei Kindern sehr beliebt, besonders wenn außergewöhnliche Förmchen und Dekomaterial zum Einsatz kommen. Ritter und Prinzessin, Buchstaben oder Zahlen für den Adventskalender – die Auswahl an Ausstechförmchen und Dekoartikeln ist riesig (siehe Seite 156). Probieren Sie doch unser Rezept für ausgestochene Butterplätzchen. Den problemlosen Teig können Sie natürlich auch variieren. Ein paar Vorschläge machen wir, aber bestimmt haben Sie selbst bald ganz wunderbare Ideen.

Ausgestochenes Buttergebäck ist immer ein Renner auf dem bunten Teller.

Für ca. 60 Stück
250 g Mehl + Mehl zum Arbeiten
100 g feiner Zucker oder Puderzucker
2 Eigelb oder 1 Ei
1 Vanilleschote
125 g kalte Butter
Backpapier fürs Blech
verschiedene Ausstechförmchen

Für die Deko:
1 Eigelb
1 EL Milch oder Wasser
Hagelzucker, bunter Streuzucker oder Mandelblättchen zum Verzieren

Ausgestochenes Buttergebäck

> Das Mehl auf die Arbeitsfläche sieben und eine Mulde in die Mitte drücken. Zucker und Ei hineingeben. Die Vanilleschote längs aufschlitzen und das Mark herausschaben. Ebenfalls in die Mulde geben. Die Butter in kleine Stücke schneiden und auf dem Rand verteilen.
> Alles mit einem großen Messer rasch zu einer bröseligen Masse zerhacken. Diese mit kalten Händen schnell zu einem glatten Teig verkneten. Den Teig in Frischhaltefolie wickeln und 30 Min. kühl stellen.
> Den Backofen auf 170 °C (Umluft 150 °C) vorheizen. Zwei Backbleche mit Backpapier belegen. Den Teig auf der bemehlten Arbeitsfläche 3–4 mm dick ausrollen und verschiedene Motive ausstechen. Aufs Blech legen.
> Für die Deko Eigelb und Milch verquirlen und die Plätzchen damit bestreichen. Nach Wunsch mit Hagel- oder Streuzucker oder mit Mandelblättchen bestreuen. Im Ofen (Mitte) in ca. 10 Min. zartgelb backen. Mit dem Papier vom Blech ziehen und abkühlen lassen.

> **Aus eins mach zwei**: Den Grundteig können Sie im Handumdrehen mit Gewürzen oder Schokolade abwandeln. Und schon werden daraus ...
> **Gewürztaler**: Dafür zusätzlich 50 g fein gehacktes Orangeat 1/2 TL Zimt und je 1 Msp. gemahlene Nelken und Muskatnuss unter den Teig kneten. Wie beschrieben fortfahren. Die Plätzchen jedoch nicht mit Eigelb bestreichen, sondern nach dem Backen mit Puderzucker bestäuben. Wer Doppeldecker möchte, setzt je 2 Taler mit etwas Orangenmarmelade zusammen.
> **Schokomonde**: Dafür zusätzlich 2 EL Kakao oder 50 g geraspelte Vollmilch-, Zartbitter- oder weiße Schokolade unter den Teig kneten. Wie beschrieben fortfahren. Die Monde vor dem Backen jedoch nicht mit Eigelb bestreichen, sondern sofort nach dem Backen in Zimtzucker wenden.

» Wer mag, überzieht die gebackenen Plätzchen mit Puderzucker- oder Schokoglasur (siehe Seite 27) und bestreut sie mit Streuzucker, Schokosraspeln, Krokant oder gehackten Nüssen. Dann entfällt das Bestreichen mit Eigelb und Bestreuen mit Mandeln vor dem Backen natürlich.

Tipp

Sauber ausgestochen

Schön sauber werden die Konturen, wenn Sie ein Tellerchen mit etwas Mehl an den Rand der Arbeitsfläche stellen und die Ausstechförmchen regelmäßig hineinstippen. Wenn Sie kein Förmchen zur Hand haben, tut's auch ein passendes Glas, eine Tasse oder ein Eierbecher. Oder Sie schneiden den ausgerollten Teig mit dem Teigrädchen oder Messer in Streifen, Rauten oder Quadrate. Zur Erinnerung: Mürbeteig muss bei der Verarbeitung gut durchgekühlt sein. Nur so lässt er sich problemlos ausrollen und ausstechen (siehe Seite 21). Sie haben Teig übrig? Hüllen Sie ihn in Frischhaltefolie und legen Sie ihn in den Kühlschrank. Hier bleibt er mehrere Tage frisch. Sie können den Teig auch einfrieren. Dann einfach bei Zimmertemperatur in der Verpackung auftauen lassen.

Rahm-Mürbchen

Für ca. 60 Stück
180 g kalte Butter
250 g Mehl + Mehl zum Arbeiten
50 g Zucker
2 Päckchen Bourbon-Vanillezucker
60 g Sauerrahm (saure Sahne)
Hagelzucker zum Bestreuen
Backpapier fürs Blech
verschiedene Ausstechförmchen (ca. 5 cm Ø)

> Die Butter in Stückchen teilen. Mehl, Zucker, Sauerrahm und Butterstückchen rasch zu einem glatten Teig verkneten. Den Teig in Frischhaltefolie wickeln und 1 Std. kühl stellen.

> Den Backofen auf 180 °C (Umluft 160 °C) vorheizen. Zwei Backbleche mit Backpapier belegen. Den Teig portionsweise auf der bemehlten Arbeitsfläche 3–4 mm dick ausrollen und verschiedene Motive ausstechen. Aufs Blech legen und mit Hagelzucker bestreuen. Im Ofen (unten) in ca. 10 Min. zartgelb backen. Mit dem Papier vom Blech ziehen und auf einem Kuchengitter abkühlen lassen.

» Über diese Plätzchen werden sich Ei-Allergiker und Kalorienzähler gleichermaßen freuen. Denn der Teig kommt ganz ohne Ei aus und ist durch den Sauerrahm fettärmer als klassisches Buttergebäck.

Tipp

Birnenpunsch

Zu Mürbeteiggebäck schmeckt ein fruchtiger Punsch. Für 4 Tassen 2 Birnen schälen und in kleine Würfel schneiden, 1 kleines Stück Ingwer schälen und fein hacken. Beides mit 750 ml Birnensaft, 1 Sternanis, 1 Zimtstange, 2 Nelken und 1 Päckchen Vanillezucker aufkochen. Bei schwacher Hitze 5 Min. ziehen lassen. Dann durch ein Sieb in vier Tassen gießen und servieren.

Würzige Ingwermonde

Für ca. 70 Stück
20 g kandierter Ingwer
80 g geschälte Mandeln
120 g weiche Butter
150 g Zucker
1 Ei
1 TL Zimt
2 Msp. gemahlener Ingwer
1 Prise Salz
1 TL abgeriebene Bio-Zitronenschale
1 EL Arrak
1 EL flüssiger Honig
250 g Mehl + Mehl zum Arbeiten
1 gestrichener TL Backpulver
1 Eigelb
100 g dunkle Schokoglasur
Backpapier fürs Blech
Halbmondausstecher (ca. 5 cm)

> Ingwer und Mandeln fein mahlen. Butter und Zucker schaumig schlagen. Das Ei einrühren. Zimt, 1 Msp. Ingwer, Salz, Zitronenschale, Arrak, Honig und den Mandel-Ingwer-Mix unterheben. Mehl und Backpulver auf die Buttermasse sieben. Alles rasch zu einem glatten Teig verkneten. Den Teig in Frischhaltefolie wickeln und 1 Std. kühl stellen.

> Den Backofen auf 180 °C (Umluft 160 °C) vorheizen. Zwei Backbleche mit Backpapier belegen. Den Teig auf der bemehlten Arbeitsfläche 4–5 mm dick ausrollen und Halbmonde ausstechen. Aufs Blech legen. Das Eigelb mit 1 EL Wasser verquirlen und die Monde damit bestreichen. Im Ofen (Mitte) in ca. 10 Min. goldgelb backen. Mit dem Papier vom Blech ziehen.

> Die Schokoglasur nach Packungsangabe erwärmen und 1 Msp. Ingwer einrühren. In einen kleinen Gefrierbeutel füllen und eine feine Ecke abschneiden. Die Halbmonde mit feinen Linien in engen Abständen überziehen. Gut trocknen lassen.

» Die Stängchen bringen Abwechslung auf den Plätzchenteller. Sie können aus dem Teig aber auch ganz klassisch Sterne, Herzen, Glocken oder andere weihnachtliche Motive ausstechen.

Kokos-Krokant-Stängchen

Für ca. 60 Stück
175 g weiche Butter oder Margarine
100 g Zucker
175 g Mehl + Mehl zum Arbeiten
150 g Kokosflocken
1 Prise Salz
1 EL abgeriebene Bio-Zitronenschale
3 EL Kokoslikör
50 g Puderzucker
25 g Krokant
Backpapier fürs Blech

> Butter und Zucker schaumig schlagen. Mit Mehl, Kokosflocken, Salz, Zitronenschale und 1 EL Kokoslikör zu einem glatten Teig verkneten. Den Teig in Frischhaltefolie wickeln und 1 Std. kühl stellen.

> Den Backofen auf 180 °C (Umluft 160 °C) vorheizen. Zwei Backbleche mit Backpapier belegen. Den Teig auf der bemehlten Arbeitsfläche 4–5 mm dick ausrollen und in Streifen (ca. 3 x 5 cm) schneiden. Aufs Blech legen und im Ofen (Mitte) ca. 10 Min. backen. Mit dem Papier vom Blech ziehen.

> Puderzucker und 2 EL Kokoslikör verrühren. Die warmen Streifen damit bestreichen und mit Krokant bestreuen. Auf einem Kuchengitter auskühlen lassen.

Die zarten Marzipanherzen werden aus feinem Mandelteig gebacken.

Für ca. 50 Stück
1 Bio-Zitrone
250 g Mehl + Mehl zum Arbeiten
250 g kalte Butter
50 g Zucker
3 EL Weißwein
2 Eigelb
50 g Hagelzucker
2–3 EL gemahlene Haselnüsse
Backpapier fürs Blech
gewellter Kranzausstecher (ca. 5 cm Ø)

Fränkische Weinkränzchen

> Die Zitrone heiß abwaschen, abtrocknen und die Schale dünn abreiben. Mehl, Butter, Zucker, Wein, 1 Eigelb und die Zitronenschale rasch zu einem glatten Teig verkneten. Den Teig in Frischhaltefolie wickeln und 30 Min. kühl stellen.

> Den Backofen auf 180 °C (Umluft 160 °C) vorheizen. Zwei Backbleche mit Backpapier belegen. 1 Eigelb mit etwas Wasser verquirlen. Hagelzucker und Nüsse auf einem Teller mischen.

> Den Teig auf bemehlter Arbeitsfläche portionsweise 5 mm dick ausrollen und Kränzchen ausstechen. Die Kekse dünn mit Eigelb bestreichen und mit der bestrichenen Seite in die Zucker-Nuss-Mischung drücken. Aufs Blech legen und im Ofen (Mitte) in 8–10 Min. zartgelb backen. Mit dem Papier vom Blech ziehen und abkühlen lassen.

> **Und noch eins**: Für **Österreichische Mostkekse** 250 g Mehl, 250 g kalte Butter, 1 Prise Salz und 4–5 EL Most (Apfelwein) verkneten und 1 Std. kühlen. Portionsweise 3–4 mm dick ausrollen und Kreise (ca. 5 cm) ausstechen. Jeweils in die Mitte einen Klecks Johannisbeergelee, Brombeer- oder Aprikosenkonfitüre geben und die Kreise halbmondförmig zusammenklappen. Die Ränder andrücken und wie beschrieben in 12–15 Min. zartgelb backen. Die Taschen sofort in einer Mischung aus Puderzucker und Vanillezucker wenden. Auskühlen lassen.

Tipp

Eiweiß übrig?

Mürbeteig wird meist mit Ei zubereitet, besonders fein wird er mit Eigelb. Als Faustregel ersetzen dabei zwei Eigelbe ein ganzes Ei. Aber wohin mit dem Eiweiß? Das können Sie z.B. sehr gut für Makronen verbrauchen. Umgekehrt passt nach Eiweißgebäck übriges Eigelb perfekt in Mürbeteigplätzchen. Damit Sie besser planen können, finden Sie im Register die Stichworte „Eigelbgebäck“ und „Eiweißgebäck“.

Cordulas Marzipanherzen

> Butter und Marzipan in Stückchen teilen. Mehl, Mandeln und Zucker auf der Arbeitsfläche mischen. Die Butter- und Marzipanstückchen daraufstreuen und mit einem großen Messer gut durchhacken. Das Ei zufügen und alles rasch zu einem glatten Teig verkneten. Den Teig in Frischhaltefolie wickeln und ca. 30 Min. kühl stellen.

> Den Backofen auf 200 °C (Umluft 180 °C) vorheizen. Ein Backblech mit Backpapier belegen. Den Teig auf der dünn bemehlten Arbeitsfläche 1,5 cm dick ausrollen und Herzen ausstechen. Aufs Blech legen und in den Rand mit den Zinken einer Gabel ein feines Muster drücken. Das Eigelb mit 1 EL Wasser verquirlen und die Herzen dünn damit bestreichen. Auf jedes Herz 1 Mandel legen. Die Plätzchen im Ofen (Mitte) in 10–12 Min. zartgelb backen.

Für ca. 30 Stück
30 g kalte Butter oder Margarine
200 g Marzipanrohmasse
75 g Mehl
25 g gemahlene Mandeln
75 g Zucker
1 Ei (Größe S)
1 Eigelb
100 g geschälte Mandeln, Belegkirschen oder Walnusshälften
Backpapier fürs Blech
Herzausstecher (ca. 5 cm Ø)

Für ca. 35 Stück
125 g weiche Butter
60 g Puderzucker + Puderzucker zum Bestäuben
1 Ei
200 g Mehl + Mehl zum Arbeiten
1 Päckchen Vanille-Puddingpulver (zum Kochen)
ca. 100 g Erdbeerkonfitüre
Backpapier fürs Blech
gewellter Ringausstecher (5 cm Ø)

Spekulatius zeigen häufig das traditionelle Nikolausmotiv.

Spaghettikekse

> Butter und Puderzucker schaumig schlagen. Das Ei einrühren. Mit Mehl und Puddingpulver rasch zu einem glatten Teig verkneten. Den Teig in Frischhaltefolie wickeln und 1 Std. kühl stellen.
> Den Backofen auf 180 °C (Umluft 160 °C) vorheizen. Zwei Backbleche mit Backpapier belegen. Den Teig auf der bemehlten Arbeitsfläche 4 mm dick ausrollen und Kreise ausstechen. Aufs Blech legen und je 1/2 TL Konfitüre daraufgeben.
> Aus den Teigresten kirschgroße Kugeln formen und durch die Knoblauchpresse direkt auf die Konfitüre drücken. Im Ofen (Mitte) 10–12 Min. backen. Mit dem Papier vom Blech ziehen und abkühlen lassen. Mit Puderzucker bestäuben.

» Verwenden Sie kein Gelee als Belag. Es wird in der Ofenwärme flüssig und verläuft stark.

Für ca. 60 Stück
375 g Mehl + Mehl zum Arbeiten
1 gestrichener TL Backpulver
125 g geschälte gemahlene Mandeln
250 g weiche Butter
250 g Zucker
1 Ei
1 Prise Salz
1 TL Spekulatiusgewürz (oder 1/2 TL Zimt und je 1/4 TL gemahlener Kardamom und Nelken)
Backpapier fürs Blech
100 g Mandelblättchen
Spekulatius-Holzmodel oder weihnachtliche Ausstechförmchen

Mandel-Spekulatius

> Mehl, Backpulver und Mandeln mischen. Butter und Zucker schaumig schlagen. Ei, Salz und Gewürz einrühren. Mit der Mehlmischung rasch zu einem glatten Teig verkneten. Den Teig in Frischhaltefolie wickeln und 2 Std. kühl stellen.
> Den Backofen auf 180 °C (Umluft 160 °C) vorheizen. Zwei Backbleche mit Backpapier belegen und mit Mandelblättchen bestreuen. Die Model mit Mehl bestäuben. Vom Teig kleine Portionen abnehmen und in die Model drücken. Den Teig mit einem Messer glätten und überstehenden Teig rundum abschneiden. Die Spekulatius mit einem leichten Schlag aufs Blech stürzen. Im Ofen (Mitte) in 10–12 Minuten goldgelb backen. Auf einem Kuchengitter auskühlen lassen.

Tipp

Gebackene Bilder

Die Spekulatius kommen aus Holland und vom Niederrhein. Der Teig für das beliebte Gebäck wird mit Modeln geformt. Diese zeigten ursprünglich immer das Spiegelbild (lat. „speculum") eines Bischofs als Symbol für den Heiligen Nikolaus. Das Gebäck wurde dann auch hauptsächlich zum Nikolaustag gebacken und gegessen. Mittlerweile sind andere Motive dazugekommen, der Name jedoch blieb. Spekulatius können Sie übrigens auch ohne Model backen: Dafür rollen Sie den Teig einfach 4–5 mm dick aus und stechen mit ganz normalen Ausstechförmchen weihnachtliche Motive aus.

Mal wieder Spitzbube sein

Wer möchte das nicht gerne! Erinnern Sie sich noch? Heimlich in die Vorratskammer schleichen und eines dieser lecker gefüllten Weihnachtsplätzchen stibitzen – wer hat das als Kind wohl nicht gemacht? Bei den folgenden Rezepten geht's um gefülltes Mürbeteiggebäck. Die berühmten Spitzbuben sind da nur ein Beispiel. Spitzenreiter bei den Füllungen ist herrlich fruchtige Marmelade. Aber auch mit Nugat, Schokolade, Honigmasse und mehr lässt sich fantastisch füllen. Und dann spielen Sie ruhig mal wieder Spitzbube …

Der klassische Spitzbube –
lecker mit roter Marmelade gefüllt.

Kissinger Brötchen

Für ca. 50 Stück
100 g kalte Butter
150 g Mehl + Mehl zum Arbeiten
1 TL Backpulver
150 g gemahlene Haselnüsse oder Mandeln
150 g Puderzucker
1 Prise Salz
1/2 TL Zimt
1 Ei
ca. 100 g Konfitüre (Aprikose, Himbeer oder Johannisbeer)
Backpapier fürs Blech
Ringausstecher oder Glas (3 cm Ø)

Für die Deko:
200 g Schokoladenglasur
200 g gemahlene Haselnüsse oder Mandeln
50 Walnusshälften

- Die Butter in Stückchen teilen. Mehl, Backpulver und Haselnüsse mischen. Mit Puderzucker, Salz, Zimt, Ei und den Butterstückchen rasch zu einem glatten Teig verkneten. Den Teig in Frischhaltefolie wickeln und 30 Min. kühl stellen.
- Den Backofen auf 180 °C (Umluft 160 °C) vorheizen. Zwei Backbleche mit Backpapier belegen. Den Teig auf der bemehlten Arbeitsfläche 3–4 mm dick ausrollen und Kreise ausstechen. Aufs Blech legen und im Ofen (Mitte) ca. 12 Min. backen. Auskühlen lassen.
- Die Konfitüre leicht erwärmen. Die Hälfte der Plätzchen auf der Unterseite damit bestreichen und mit je 1 unbestrichenen Plätzchen zusammensetzen.
- Für die Deko die Schokoglasur nach Packungsanweisung schmelzen lassen. Die gemahlenen Nüsse auf einen Teller streuen. Jedes Plätzchen mit den Außenkanten zuerst in der flüssigen Schokolade, dann in den Nüssen rollen. Auf jedes Plätzchen einen Klecks Glasur geben und eine Walnusshälfte daraufsetzen. Gut trocknen lassen.

Caffè-Latte-Doppeldecker

Für ca. 25 Stück
150 g kalte Butter
300 g Mehl + Mehl zum Arbeiten
75 g Zucker
1 Ei
3 EL kalter Espresso
Backpapier fürs Blech
ovaler Ausstecher (6 cm)

Für Füllung und Deko:
200 g weiße Kuvertüre
50 g Sahne
25 Mokkabohnen
1 TL Kakao

- Die Butter in Stückchen teilen. Mehl, Zucker, Ei, Espresso und die Butterstückchen rasch zu einem glatten Teig verkneten. Den Teig in Frischhaltefolie wickeln und 1 Std. kühl stellen.
- Die Kuvertüre hacken. Die Sahne aufkochen, über die Kuvertüre gießen und glatt rühren. Abkühlen lassen.
- Den Backofen auf 180 °C (Umluft 160 °C) vorheizen. Zwei Backbleche mit Backpapier belegen. Den Teig auf der bemehlten Arbeitsfläche ca. 4 mm dick ausrollen und Ovale ausstechen. Aufs Blech legen und im Ofen (Mitte) 13–15 Min. backen. Mit dem Papier vom Blech ziehen und abkühlen lassen.
- Von der Kuvertürecreme 2 EL abnehmen. Mit der restlichen Creme jeweils 2 Kekse zusammensetzen. Auf jeden Doppeldecker einen kleinen Klecks Kuvertürecreme geben und je 1 Mokkabohne daraufsetzen. Mit Kakao bestäuben.

Für ca. 35 Spitzbuben
+ 20 Herzdamen
200 g weiche Butter
75 g Puderzucker + Puderzucker zum Bestäuben
2 Päckchen Bourbon-Vanillezucker
2 Eigelb oder 1 Ei
225 g Mehl + Mehl zum Arbeiten
75 g geschälte gemahlene Mandeln
1/4 TL Zimt
1/4 TL abgeriebene Bio-Zitronenschale
ca. 150 g rote Konfitüre (Johannisbeer, Himbeer, Hagebutte)
Backpapier fürs Blech
2 Herzausstecher (ca. 3 und 5 cm Ø)

Die sind legendär:
Spitzbuben, hier zur Abwechslung mal in Kreisform.

Spitzbuben und Herzdamen

> Die Butter mit Puderzucker, Vanillezucker schaumig schlagen. Das Eigelb einrühren. Mit Mehl, Mandeln, Zimt und Zitronenschale rasch zu einem glatten Teig verkneten. Den Teig in Frischhaltefolie wickeln und 1 Std. kühl stellen.

> Den Backofen auf 180 °C (Umluft 160 °C) vorheizen. Zwei Backbleche mit Backpapier belegen. Den Teig portionsweise auf der dünn bemehlten Arbeitsfläche ca. 4 mm dick ausrollen und Herzen ausstechen. Aufs Blech legen und bei der Hälfte der Plätzchen in der Mitte kleine Herzen ausstechen. Die kleinen Herzchen ebenfalls aufs Blech legen. Alle Plätzchen im Ofen (Mitte) in ca. 8 Min. hell backen. Mit dem Papier vom Blech ziehen und abkühlen lassen.

> Für die Spitzbuben die Plätzchen mit Mittelherz mit Puderzucker bestäuben. Die Konfitüre leicht erwärmen. Die ganzen Herzen damit bestreichen. Jeweils ein Plätzchen mit Mittelherz darauflegen und behutsam andrücken. Für die Herzdamen jeweils zwei kleine Herzchen mit etwas Konfitüre zusammensetzen und mit Puderzucker bestäuben. Alle Plätzchen auf einem Kuchengitter trocknen lassen.

Plätzchenmode

Ja, ja die Mode! Spitzbuben, Spritzgebäck und Vanillekipferl waren ursprünglich gar kein Weihnachts-, sondern Teegebäck. Wie kommt's? Im 19. Jahrhundert wurde die Teestunde nach britischem Vorbild auch in den feinen Kreisen auf dem Kontinent so richtig chic. Dazu knabberte man köstliche Kleinigkeiten, flugs kreiert von den – zumeist Österreichischen – Feinbäckern. Die schmeckten nicht nur den feinen Leuten, sondern auch den schlichten Bürgern. So begannen die Hausfrauen, die köstlichen Teilchen selbst zu backen. Aber eben nicht das ganze Jahr über, sondern als Highlight für den weihnachtlichen Gebäckteller.

> **Und noch zwei:** Für **Terrassen** den Teig wie beschrieben zubereiten. Statt Zimt und Zitronenschale jedoch 1 EL Rum zugeben. Ausrollen und mit einem Terrassen-Ausstecher gewellte Ringe in drei verschiedenen Größen ausstechen. Wie beschrieben backen. Die großen und mittleren Blumen mit Konfitüre bestreichen. Je 3 Ringe unterschiedlicher Größe aufeinandersetzen. Die Terrassen mit Puderzucker bestäuben. Für **Linzer Augen** den Teig wie beschrieben zubereiten. Ausrollen und mit einem 3-Loch-Linzer-Ausstecher (ca. 5 cm Ø) Kreise ausstechen. Bei der Hälfte der Kreise „Augen" ausstechen. Wie beschrieben backen und abkühlen lassen. Die Augen-Plätzchen mit Puderzucker bestäuben. Auf die Kreise je 1 Klecks Konfitüre geben und mit je 1 Augen-Plätzchen zusammensetzen. Behutsam andrücken, sodass die Konfitüre leicht aus den Löchern gedrückt wird. Auf einem Kuchengitter trocknen lassen.

Safran-Rondellen mit Nugat

Für ca. 30 Stück
100 g kalte Butter
200 g Mehl
1/2 TL Backpulver
1 Döschen gemahlener Safran (0,1 g)
100 g Zucker
2 EL Orangensaft
1 Eigelb
Backpapier fürs Blech
2 Ringausstecher (ca. 3 und 5 cm Ø)

Für Deko und Füllung:
125 g Puderzucker
1 Döschen gemahlener Safran (0,1 g)
1 Eiweiß
25 g gehackte Pistazien
150 g Nugat

> Die Butter in Stückchen teilen. Mehl, Backpulver und Safran mischen. Mit Zucker, Orangensaft, Eigelb und den Butterstückchen rasch zu einem glatten Teig verkneten. Den Teig in Frischhaltefolie wickeln und 2 Std. kühl stellen.

> Den Backofen auf 180 °C (Umluft 160 °C) vorheizen. Den Teig 3–4 mm dick ausrollen und große Kreise ausstechen. Aus der Hälfte der Plätzchen kleine Kreise ausstechen. Aufs Blech legen und im Ofen (Mitte) ca. 10 Min. backen. Mit dem Papier vom Blech ziehen und abkühlen lassen.

> Für die Deko Puderzucker, Safran und Eiweiß verquirlen. Die Plätzchen mit Mittelloch damit bestreichen und mit Pistazien bestreuen. Den Nugat in Stücke schneiden und über dem heißen Wasserbad schmelzen lassen. Die ganzen Plätzchen dünn damit bestreichen. Je ein Plätzchen mit Mittelloch darauflegen und andrücken. Die Mittelkreise mit Nugat ausfüllen. Gut trocknen lassen.

» Die ausgestochenen kleinen Mittelkreise ebenfalls backen und jeweils zwei mit etwas Nugat zusammensetzen. Mit der Safranglasur überziehen und mit Pistazien bestreuen.

Wickelkinder

Vielleicht kennen Sie die Fatschenkinder als kleine Puppen mit Wachsköpfchen und mit kostbarem Brokat umhüllt. Sie wurden früher von Nonnen aus Stoffresten liturgischer Gewänder genäht und und stellten das Christkind dar. Ihr Name geht auf das lateinische „fascio“ (Bündel) und „fasciare“ (einschnüren) zurück. Auch unser Rezept ist die gebackene Version der Püppchen.

Fatschenkinder

Für ca. 40 Stück
125 g kalte Butter
250 g Mehl + Mehl zum Arbeiten
1/2 TL Backpulver
80 g Zucker
1 Prise Salz
1 EL Zitronensaft
1 Ei
Backpapier fürs Blech
Ringausstecher oder Glas (6 cm Ø)

Für Füllung und Deko:
150 g gemahlene Haselnüsse
3 TL flüssiger Honig
1/4 TL Zimt
ca. 4 EL Milch
1 Eiweiß (bei Bedarf)
ca. 40 geschälte Mandeln
25 g Schokoladenglasur

> Die Butter in Stückchen teilen. Mehl und Backpulver mischen. Mit Zucker, Salz, Zitronensaft, Ei und den Butterstückchen rasch zu einem glatten Teig verkneten. Den Teig in Frischhaltefolie wickeln und 1 Std. kühl stellen.

> Für die Füllung Haselnüsse mit Honig, Zimt und soviel Milch verrühren, dass eine gerade streichfähige Masse entsteht.

> Den Backofen auf 180 °C (Umluft 160 °C) vorheizen. Zwei Backbleche mit Backpapier belegen. Den Teig auf der bemehlten Arbeitsfläche 3–4 mm dick ausrollen und Kreise ausstechen. In die Mitte jeweils 1/2 TL Nussmasse geben. Jeden Kreis erst von unten um ein Drittel einschlagen. Dann die rechte und linke Seite darüberklappen, sodass ein Wickelkissen entsteht, festdrücken. Die Kreisteile bei Bedarf mit etwas Eiweiß festkleben. Von oben je 1 Mandel mit der Spitze in das Teigkissen stecken.

> Die Kissen aufs Blech legen und im Ofen (Mitte) 10–12 Min. backen. Mit dem Papier vom Blech ziehen und abkühlen lassen. Die Mandel nach Wunsch zur Hälfte noch mit etwas flüssiger Schokoglasur bestreichen. So entsteht ein dunkler Haarschopf (besonders Geduldige malen mit einem kleinen Holzstäbchen noch ein Gesicht auf).

> **Und noch zwei**: Für **Schnelle Marzipantaschen** den Teig wie beschrieben zubereiten und Kreise ausstechen. 1–2 Marzipanbrote (mit Schokoladenüberzug) in dünne Scheiben schneiden. Eine Scheibe auf jedes Plätzchen legen und dieses halbmondförmig darüber zusammenklappen. Leicht andrücken. Wie beschrieben 12–15 Min. backen. 100 g Puderzucker und 1 EL Zitronensaft verrühren und die Marzipantaschen damit bestreichen. Nach Wunsch noch mit Schokostreuseln bestreuen. Für **Pfaffenhütchen** auf jeden Teigkreis 1/2 TL Pflaumenmus setzen. Die Teigränder rund um die Füllung an drei Seiten nach oben biegen und zu einem Dreispitz zusammendrücken. 1 Eigelb mit 2 EL Milch verquirlen und die Hütchen damit bestreichen. Mit Hagelzucker bestreuen und wie beschrieben backen.

In Form gespritzt

Wer mag sie nicht, die mürben Kringel, Stangen oder Schleifen. Spritzgebäck ist Stammgast auf den weihnachtlichen Plätzchentellern. Die Zubereitung dieser lecker mürben Plätzchen haben Sie im Nu erledigt. Allein das Formen des Gebäcks erfordert etwas Aufmerksamkeit. Dazu brauchen Sie eine Gebäckpresse oder einen Spritzbeutel mit verschiedenen Tüllen. Beides finden Sie in Haushaltswarengeschäften oder im Internet (siehe Seite 156). Vielleicht besitzen Sie ja einen Fleischwolf oder eine Küchenmaschine. Dann lohnt sich die Anschaffung eines passenden Spritzgebäck-Vorsatzes.

Ob Kringel, Tupfen oder Wellen – Spritzgebäck ist ein verführerischer Hingucker.

Für ca. 80 Stück
250 g weiche Butter
250 g Zucker
2 Päckchen Vanillezucker
2 Eier
375 g Mehl
3 EL Speisestärke
200 g geschälte gemahlene Mandeln
200 g Schokoladenglasur
Backpapier fürs Blech

Omas Mandel-Spritzgebäck

> Butter, Zucker und Vanillezucker schaumig schlagen. Die Eier einzeln einrühren. Mehl, Speisestärke und Mandeln mischen und zügig unterrühren.
> Den Backofen auf 180 °C (Umluft 160 °C) vorheizen. Zwei Backbleche mit Backpapier belegen. Den Teig in eine Gebäckpresse oder einen Spritzbeutel mit Sterntülle füllen und Stangen, S-Schleifen, Bögen oder Kringel aufs Blech spritzen. Im Ofen (Mitte) in 10–12 Min. goldgelb backen. Mit dem Papier vom Blech ziehen und abkühlen lassen.
> Die Schokoglasur nach Packungsangabe erwärmen und das Gebäck damit überziehen oder die Enden in die Glasur tauchen. Trocknen lassen.

» Schokofans rühren mit dem Mehl noch 4 EL Kakao unter den Teig. Das fertige Schokospritzgebäck dann mit weißer Kuvertüre überziehen.

Tipp

Der Spritzmürbeteig

... ist zwar auch ein Mürbeteig, doch wird er etwas anders zubereitet: Zunächst werden Fett und Zucker schaumig geschlagen. Dann rühren Sie die Eier unter. Mehl und weitere trockene Zutaten mischen und kurz unterheben, bis kein Mehl mehr sichtbar ist. Rühren Sie jetzt zu lange, wird der Teig zäh. Der Teig braucht keine Kühlung, sondern wird sofort aufs Blech gespritzt. Auch das müssen Sie zügig erledigen. Je länger der Teig steht, desto schlechter lässt er sich spritzen. Füllen Sie dabei Gebäckpresse oder Spritzbeutel nicht zu voll. Das spart Kraft, und Ihre Hände bleiben beim Spritzen ruhiger.

Dinkel-Kaffee-Schleifen

Für ca. 40 Stück
75 g Sahne
2 EL Instant-Kaffeepulver
150 g weiche Butter
130 g Rohrohrzucker
250 g Dinkelvollkornmehl
60 g Speisestärke
100 g Zartbitter-Kuvertüre
1 TL Öl
Backpapier fürs Blech

> Die Sahne erwärmen und das Kaffeepulver darin auflösen. Abkühlen lassen.
> Butter und Zucker schaumig schlagen. Den Kaffeesahnemix einrühren. Mehl und Speisestärke mischen. Zügig unter die Buttermasse rühren.
> Den Backofen auf 180 °C (Umluft 160 °C) vorheizen. Zwei Backbleche mit Backpapier. Den Teig in eine Gebäckpresse oder einen Spritzbeutel mit Sterntülle füllen und 6 cm lange Schleifen aufs Blech spritzen. Ist der Teig zu fest, noch etwas Sahne unterkneten. Im Ofen (Mitte) 10–15 Min. backen. Mit dem Papier vom Blech ziehen und abkühlen lassen.
> Die Kuvertüre mit dem Öl über dem heißen Wasserbad schmelzen lassen. Das Gebäck zur Hälfte damit überziehen. Trocknen lassen.

Kardamom-Kringel

Für ca. 80 Stück
1 Bio-Zitrone
250 g Butter
150 g Puderzucker
1 Prise Salz
4 Eigelb
2 EL Orangenlikör
350 g Mehl
3 TL Kardamom
Backpapier fürs Blech
Für die Deko:
50 g Puderzucker
2 TL Orangenlikör
50 g Schokostreusel nach Wunsch

> Die Zitrone heiß abwaschen, trocknen und die Schale dünn abreiben. Butter, Puderzucker und Salz schaumig schlagen. Das Eigelb einrühren. Likör und Zitronenschale unterrühren. Mehl und Kardamom mischen und zügig unterrühren.
> Den Backofen auf 180 °C (Umluft 160 °C) vorheizen. Zwei Backbleche mit Backpapier belegen. Den Teig in eine Gebäckpresse oder einen Spritzbeutel mit Sterntülle füllen und Kringel aufs Blech spritzen. Im Ofen (Mitte) in 10–15 Min. goldgelb backen. Mit dem Papier vom Blech ziehen und abkühlen lassen.
> Puderzucker und Likör zu einer cremigen Glasur verrühren. Die Kringel je zur Hälfte damit überziehen und nach Wunsch mit Schokostreuseln bestreuen. Trocknen lassen.

Mohnstangen mit weißer Schokolade

> Butter, Zucker und Vanillezucker schaumig schlagen. Das Ei einrühren. Mehl, Speisestärke und Mohn mischen und zügig unterrühren.

> Den Backofen auf 180 °C (Umluft 160 °C) vorheizen. Zwei Backbleche mit Backpapier belegen. Den Teig in eine Gebäckpresse oder einen Spritzbeutel mit Sterntülle füllen und ca. 5 cm lange Stangen aufs Blech spritzen. Im Ofen (Mitte) 10–15 Min backen. Mit dem Papier vom Blech ziehen und auskühlen lassen.

> Die Kuvertüre mit dem Öl über dem heißen Wasserbad schmelzen lassen. Die Stangen zur Hälfte damit überziehen und mit Zuckerstreuseln bestreuen. Trocknen lassen.

Für ca. 35 Stück
175 g weiche Butter
100 g Zucker
1 Päckchen Vanillezucker
1 Ei
175 g Mehl
75 g Speisestärke
100 g gemahlener Mohn
200 g weiße Kuvertüre
1 TL Öl
50 g bunte Zuckerstreusel
Backpapier fürs Blech

Tipp

Zimt-Milchkaffee

... schmeckt zu den leckeren Mohnstangen besonders fein. Für 4 Tassen 400 ml Milch mit 4 EL Honig und 1 TL Zimt einmal aufkochen. 4 TL Kakao einrühren und die Kakaomilch in vier hohe Kaffeebecher gießen. Mit 400 ml frisch gebrühtem starkem Kaffee auffüllen und mit je 1 Zimtstange zum Umrühren servieren.

Gerollt & sanft geschlungen

Rollen, biegen und schlingen Sie nach Herzenslust. Wie von Zauberhand entstehen dabei zarte Kekse, Kugeln, Kipferl und Brezeln. Der Trick: Statt den Teig auszurollen, formen Sie ihn einfach mit Ihren bloßen Händen. Das schafft wirklich jeder – und es spart viel Zeit. Lassen Sie Ihrer Kreativität und Fingerfertigkeit beim Formen ruhig freien Lauf.

Fix von der Rolle

Schneller geht es kaum: Einfach den Teig zu einer dicken Rolle formen, in Scheiben schneiden und backen. Die Teigrolle muss übrigens nicht zwangsläufig rund sein, eine ovale, eckige oder dreieckige Form schafft Abwechslung. Dafür wird die Rolle vor dem Kühlen mit Händen, Lineal oder Palette einfach in die gewünschte Form gedrückt. Nach dem Backen können Sie die Scheiben noch nach Herzenslust verzieren. Oder Sie setzen zwei Kekse mit einem Klecks fruchtiger Marmelade, flüssiger Kuvertüre, Nuss-Nugat-Creme oder einem Scheibchen Marzipan zu leckeren Doppeldeckern zusammen.

Mit dem dekorativen Sternanis lässt sich in flache Plätzchen ein schönes Muster drücken.

Heidesand

Für ca. 50 Stück
250 g Butter
200 g feiner Zucker
1 Päckchen Bourbon-Vanillezucker
375 g Mehl + Mehl zum Arbeiten
1 gestrichener TL Backpulver
1 Prise Salz
1 EL Milch bei Bedarf
1 Eigelb
Hagelzucker zum Wenden
Backpapier fürs Blech

> Die Butter schmelzen, dabei leicht bräunen. In eine Rührschüssel gießen und im Kühlschrank fest werden lassen. Die Butter mit Zucker und Vanillezucker schaumig schlagen. Mit Mehl, Backpulver, Salz und eventuell Milch rasch zu einem glatten Teig verkneten.

> Den Teig auf der dünn bemehlten Arbeitsfläche zu Rollen (2–3 cm Ø) formen. Die Rollen rundum mit Eigelb bestreichen und in Hagelzucker wenden. Mindestens 12 Std. oder über Nacht kühl stellen.

> Den Backofen auf 180 °C (160 °C) vorheizen. Zwei Backbleche mit Backpapier belegen. Die Rollen in knapp 1 cm dicke Scheiben schneiden. Aufs Blech legen und im Ofen (Mitte) ca. 12 Min. backen. Mit dem Papier vom Blech ziehen und auskühlen lassen.

> **Und noch eins**: Für **Lemon-Heidesand** zusätzlich 1 EL abgeriebene Bio-Zitronenschale unter den Teig kneten. Die Rollen nicht mit Eigelb bestreichen und in Hagelzucker wenden, sondern in einer Mischung aus 4 EL feinem Zucker und 1 EL abgeriebener Bio-Zitronenschale wälzen. Wie beschrieben fortfahren.

Anis-Dukaten

Für ca. 35 Stück
1 EL Anissamen
125 g weiche Butter oder Margarine
125 g Puderzucker
1 Päckchen Vanillezucker
5 Eigelb
1 Prise Salz
1/2 TL gemahlener Sternanis
250 g Mehl
Backpapier fürs Blech
Für die Deko:
1 ganzer Sternanis als Stempel
5 EL Zucker zum Wälzen
1 TL gemahlener Sternanis zum Wälzen

> Die Anissamen im Mörser grob zerstoßen. Butter, Puderzucker und Vanillezucker schaumig schlagen. Eigelb, Salz und beide Anissorten einrühren. Mit dem Mehl zu einem glatten Teig verkneten. Den Teig auf der dünn bemehlten Arbeitsfläche zu Rollen (2 cm Ø) formen und ca. 2 Std. kühl stellen.

> Den Backofen auf 180 °C (Umluft 160 °C) vorheizen. Zwei Backbleche mit Backpapier belegen. Die Rollen nochmals rund rollen und in knapp 1 cm dicke Scheiben schneiden. Mit etwas Abstand aufs Blech legen und mit dem Sternanis auf jedes Plätzchen einen schönen Abdruck machen. Die Dukaten im Ofen (Mitte) in 10–12 Min. goldgelb backen.

> Den Zucker und den gemahlenen Sternanis mischen und die Plätzchen noch heiß darin wälzen. Auf einem Kuchengitter abkühlen lassen.

Butterbrote mit Schokostrich (Mitte) peppen jeden Plätzchenteller auf.

Für ca. 40 Stück
100 g weiche Butter oder Margarine
100 g Doppelrahm-Frischkäse
100 g Zucker
1/2 Päckchen Vanillezucker
1 Prise Salz
30 g gemahlene Pecannüsse oder Walnüsse
200 g Mehl
bunter Streuzucker
ca. 50 Pecannuss- oder Walnusshälften
Backpapier fürs Blech

Bunte Christmas Cookies

> Butter, Frischkäse, Zucker und Vanillezucker schaumig schlagen. Salz und Nüsse einrühren. Mit dem Mehl rasch zu einem glatten Teig verkneten. Den Teig 1 Std. kühl stellen. Dann auf der dünn bemehlten Arbeitsfläche zu Rollen (ca. 2 cm Ø) formen, in Frischhaltefolie wickeln und mindestens 8 Std. oder über Nacht kühl stellen. Die Rollen alternativ 3 Std. ins Gefrierfach legen.

> Den Backofen auf 180 °C (Umluft 160 °C) vorheizen. Zwei Backbleche mit Backpapier belegen. Die Teigrollen im Streuzucker wälzen, bis sie rundum überzogen sind. Die Rollen in 1 cm dicke Scheiben schneiden. Aufs Blech legen und jeweils 1 Nusshälfte darauflegen. Die Cookies im Ofen (Mitte) 10–12 Min. backen, bis der Boden sich leicht braun färbt.

Für ca. 50 Stück
125 g Butter oder Margarine
200 g Mehl
50 g Speisestärke
1/2 TL Backpulver
100 g Zucker
1 TL Spekulatius- oder Lebkuchengewürz
1 Ei
100 g Zartbitterschokolade
je 40 g Walnusskerne, Haselnusskerne und Pistazien
1 Eiweiß
Backpapier fürs Blech

Knusprige Adventstaler

> Die Butter in Stückchen schneiden. Mehl, Speisestärke und Backpulver mischen. Mit Zucker, Gewürz, Ei und den Butterstückchen rasch zu einem glatten Teig verkneten. Den Teig auf der dünn bemehlten Arbeitsfläche zu Rollen (ca. 3 cm Ø) formen. Die Rollen in Frischhaltefolie wickeln und ca. 2 Std. kühl stellen.

> Schokolade, Nüsse und Pistazien grob hacken. Den Backofen auf 170 °C (Umluft 150 °C) vorheizen. Zwei Backbleche mit Backpapier belegen. Die Teigrollen in ca. 7 mm dicke Scheiben schneiden und aufs Blech legen. Das Eiweiß leicht verquirlen und die Scheiben damit bestreichen. Die Schoko-Nuss-Mischung darauf verteilen und leicht in den Teig drücken. Die Taler im Ofen (Mitte) 12–15 Min. backen.

Butterbrote mit Schokostrich

> Die Schokoalde fein reiben. Mit Nüssen und Mehl mischen. Butter und Zucker schaumig schlagen. Das Ei einrühren. Mit der Mehlmischung rasch zu einem glatten Teig verkneten. Den Teig auf der dünn bemehlten Arbeitsfläche zu ovalen Rollen (ca. 3 cm Ø) formen. Die Rollen in Frischhaltefolie wickeln und mindestens 8 Std. oder über Nacht kühl stellen.

> Den Backofen auf 180 °C (Umluft 160 °C) vorheizen. Zwei Backbleche mit Backpapier belegen. Die Rollen in ca. 1 cm dicke Scheiben schneiden. Aufs Blech legen und im Ofen (Mitte) ca. 10 Min. backen. Mit dem Papier vom Blech ziehen und abkühlen lassen.

> Die Kuvertüre grob hacken. Mit dem Öl über dem heißen Wasserbad schmelzen lassen. Die Butterbrote auf der Oberseite damit bestreichen und mit Pistazien bestreuen. Gut trocknen lassen.

Für ca. 60 Stück
150 g Zartbitterschokolade
150 g gemahlene Haselnüsse
200 g Mehl
150 g weiche Butter oder Margarine
100 g Zucker
1 Ei
Backpapier fürs Blech

Für die Deko:
200 g weiße Kuvertüre
1 TL Öl
25 g gehackte Pistazien

„Es war einmal ein treuer Husar ...", und der liebte Husarenkrapferl über alles.

Für ca. 25 Stück
125 g Butter
250 g Mehl + Mehl zum Arbeiten
1 Msp. Backpulver
75 g Zucker
1 Päckchen Vanillezucker
1 Prise Salz
3 Eigelb
20 g Kakao
2 EL Milch
Backpapier fürs Blech

Schwarz-Weiß-Schnecken

> Die Butter in Stückchen teilen. Mehl und Backpulver mischen. Mit Zucker, Vanillezucker, Salz, 2 Eigelb und den Butterstückchen rasch zu einem glatten Teig verkneten. Bei Bedarf 1–2 EL kaltes Wasser zugeben. Den Teig halbieren, unter eine Hälfte den Kakao und 1 EL Wasser kneten. Die Teige in Frischhaltefolie wickeln und 1 Std. kühl stellen.

> Den hellen und den dunklen Teig auf der dünn bemehlten Arbeitsfläche jeweils zu einem knapp 1 cm dicken Rechteck ausrollen. 1 Eigelb mit der Milch verquirlen. Die helle Teigplatte dünn damit bestreichen. Die dunkle Teigplatte darauflegen und leicht andrücken. Wieder dünn mit Eiermilch bestreichen und von der Längsseite her fest aufrollen. Die Teigrolle in Frischhaltefolie wickeln und 1 Std. kühlen.

> Den Backofen auf 180 °C (Umluft 160 °C) vorheizen. Ein Backblech mit Backpapier belegen. Die Teigrolle in ca. 8 mm dicke Scheiben schneiden und aufs Blech legen. Im Ofen (Mitte) in ca. 20 Min. hell backen. Mit dem Papier vom Blech ziehen und abkühlen lassen.

Für ca. 35 Stück
125 g kalte Butter
100 g Mehl + Mehl zum Arbeiten
100 g Speisestärke
100 g gemahlene Mandeln
100 g Zucker
1 Päckchen Vanillezucker
1 Ei
200 g Nugat
100 g Schokoladenglasur
Backpapier fürs Blech

Nugat-Busserl

> Die Butter in Stückchen teilen. Mehl, Speisestärke und Mandeln mischen. Mit Zucker, Vanillezucker, Ei und den Butterstückchen rasch zu einem glatten Teig verkneten. Den Teig auf der dünn bemehlten Arbeitsfläche zu Rollen (2–3 cm Ø) formen, in Frischhaltefolie wickeln und 1 Std. kühl stellen.

> Den Backofen auf 180 °C (Umluft 160 °C) vorheizen. Zwei Backbleche mit Backpapier belegen. Die Teigrolle in ca. 4 mm dicke Scheiben schneiden. Aufs Blech legen und im Ofen (Mitte) in 10–12 Min. zartgelb backen. Mit dem Papier vom Blech ziehen und abkühlen lassen.

> Den Nugat in Stücke schneiden und über dem heißen Wasserbad schmelzen. Je 2 Plätzchen mit einem Klecks Nugat zusammensetzen. Die Schokoglasur erwärmen und die Oberseite der Plätzchen halb damit bestreichen. Trocknen lassen.

Köstliche Kugeln

Sie sind die heimlichen Stars der Weihnachtsbäckerei: Kugelrunde Plätzchen sorgen mit ihren feinen Zutaten für wohligen Genuss und sind im Handumdrehen geformt. Sie müssen nur eine kleine Portion vom Teig abzupfen und zwischen Ihren Handflächen rollen, bis das Kügelchen perfekte Rundungen hat. Manche bleiben so, manche bekommen mit einer Gabel noch ein Muster eingedrückt, eine Mandel aufgelegt oder etwas Marmelade eingefüllt.

Vanille-Schneeflöckchen

Für ca. 40 Stück
125 g weiche Butter
50 g Puderzucker + Puderzucker zum Bestäuben
2 Päckchen Bourbon-Vanillezucker
60 g Mehl + Mehl zum Arbeiten
125 g Speisestärke
Backpapier fürs Blech

> Die Butter mit Puderzucker und Vanillezucker schaumig schlagen. Mehl und Speisestärke mischen. Zugeben und alles rasch zu einem glatten Teig verkneten. Den Teig in Frischhaltefolie wickeln und zugedeckt 45 Min. kühl stellen.

> Den Backofen auf 180 °C (Umluft 160 °C) vorheizen. Zwei Backbleche mit Backpapier belegen. Aus dem Teig mit leicht bemehlten Händen Kugeln (2 cm Ø) formen. Mit etwas Abstand aufs Blech legen und mit einer Gabel flach drücken. Dabei die Gabel immer wieder in Mehl tauchen. Die Flöckchen im Ofen (Mitte) 12–15 Min. backen. Mit dem Papier vom Blech ziehen und abkühlen lassen. Mit Puderzucker bestäuben.

» Die Schneeflöckchen schmecken fein nach Vanille. Wenn Sie sie etwas würziger möchten, geben Sie 1/2–1 TL gemahlenen Anis, Kardamom oder Zimt in den Teig.

Weiße Trinkschokolade

Tipp

... passt perfekt zu den Schneeflöckchen. Dafür pro Person ein hohes Glas vorwärmen. 60 g weiße Schokolade fein hacken. 250 ml Milch mit 1 TL Lebkuchengewürz oder Zimt aufkochen. Vom Herd nehmen und die Schokostückchen darin unter Rühren schmelzen lassen. 60 g Sahne mit dem 1 TL Kakao halbsteif schlagen. Beiseite stellen. Die heiße Schokolade mit einem Miniquirl aufschäumen. Ins warme Glas füllen und die Kakaosahne locker darauf verteilen. Sofort servieren.

Mint Snowballs (Pfefferminzkugeln)

Für ca. 40 Stück
100 g weiche Butter
100 g weiche Margarine
100 g Puderzucker
1 Prise Salz
2 EL Pfefferminzlikör oder -sirup
225 g Mehl
Backpapier fürs Blech
Für die Deko:
100 g Puderzucker
1–2 EL Pfefferminzlikör oder -sirup
Kokosflocken zum Bestreuen

> Butter, Margarine und Puderzucker schaumig schlagen. Salz und Likör einrühren. Mit dem Mehl rasch zu einem glatten Teig verkneten. Den Teig in Frischhaltefolie wickeln und zugedeckt 45 Min. kühl stellen.

> Den Backofen auf 180 °C (Umluft 160 °C) vorheizen. Zwei Backbleche mit Backpapier belegen. Aus dem Teig mit leicht bemehlten Händen Kugeln (2 cm Ø) formen. Mit etwas Abstand aufs Blech setzen. Im Ofen (Mitte) 8–10 Min. backen. Mit dem Papier vom Blech ziehen und abkühlen lassen.

> Für die Deko Puderzucker und Likör zu einem cremigen Guss verrühren. Die Plätzchen damit bestreichen und mit Kokosflocken bestreuen. Trocknen lassen.

Husarenkrapferl

Für ca. 40 Stück
1 Bio-Zitrone
150 g Butter
200 g Mehl
50 g geschälte gemahlene Mandeln
75 g Puderzucker
1 Päckchen Vanillezucker
1 Prise Salz
2 Eigelb
Backpapier fürs Blech

Für Füllung und Deko:
1 Eigelb
2 EL Milch
Puderzucker zum Bestäuben
ca. 100 g Johannisbeer- oder Quittengelee

> Die Zitrone heiß abwaschen, trocknen und die Schale dünn abreiben. Die Butter in Stückchen teilen. Mehl, Mandeln, Puderzucker, Vanillezucker und Salz mischen. Mit Eigelb, der Zitronenschale und den Butterstückchen rasch zu einem glatten Teig verkneten. Sollte der Teig kleben, noch 1–2 EL Mehl unterkneten. Den Teig in Frischhaltefolie wickeln und 2 Std. kühlen stellen.

> Den Backofen auf 180 °C (Umluft 160 °C) vorheizen. Zwei Backbleche mit Backpapier belegen. Aus dem Teig Kugeln (2 cm Ø) formen und aufs Blech setzen.

> Mit einem Kochlöffelstiel in jede Kugel eine kleine Vertiefung drücken. 1 Eigelb mit der Milch verquirlen und Plätzchen damit bestreichen. Im Ofen (Mitte) in 15–20 Min. goldgelb backen. Mit dem Papier vom Blech ziehen und abkühlen lassen.

> Die Krapferl mit Puderzucker bestäuben. Das Gelee erwärmen und die Krapferl damit füllen. Gut trocknen lassen.

Köstliche Kirschkugeln

Für ca. 30 Stück
125 g kalte Butter oder Margarine
250 g Mehl
1/2 TL Backpulver
75 g Zucker
1 Ei
100 g weiße Schokolade
75 g getrocknete Sauerkirschen
50 g weiße Kuvertüre
Backpapier fürs Blech

> Die Butter in Stückchen teilen. Mehl, Backpulver und Zucker mischen. Mit dem Ei und den Butterstückchen rasch zu einem glatten Teig verkneten. Den Teig in Frischhaltefolie wickeln und 2 Std. kühlen stellen.

> Inzwischen die Schokolade fein hacken. Mit den Kirschen mischen. Den Backofen auf 180 °C (Umluft 160 °C) vorheizen. Ein Backblech mit Backpapier belegen. Vom Teig kleine Häufchen abnehmen und in der Handfläche zu Tellerchen formen. Jeweils 1 TL der Fruchtmischung daraufsetzen, den Teig darüberklappen und rund rollen. Die Kugeln aufs Blech legen und im Ofen (Mitte) in 15–18 Min. zartgelb backen. Mit dem Papier vom Blech ziehen und abkühlen lassen.

> Die Kuvertüre grob hacken und in einen kleinen Gefrierbeutel füllen. Verschließen und in ein heißes Wasserbad hängen, bis die Kuvertüre geschmolzen ist. Vom Beutel eine kleine Ecke abschneiden und die Kugeln mit feinen Linien überziehen. Gut trocknen lassen.

» Die Kugeln schmecken auch mit anderen Trockenfrüchten und Vollmilch oder dunkler Schokolade.

Tipp

Mandeln häuten

Die Mandeln in einem Topf mit Wasser bedeckt aufkochen und kurz ziehen lassen. In ein Sieb abgießen und die Mandeln aus den braunen Häutchen drücken. Auf einem Küchentuch trocknen lassen.

Die mürben Vanillekipferl zergehen auf der Zunge.

Thüringer Spitzbuben

Für ca. 60 Stück
250 g weiche Butter
200 g Zucker
1 Päckchen Vanillezucker
2 Eigelb
250 g Mehl
1 TL Backpulver
4 EL Kakao
1 TL Zimt
ca. 30 geschälte Mandeln
Backpapier fürs Blech

> Butter, Zucker und Vanillezucker schaumig schlagen. Das Eigelb einrühren. Mehl, Backpulver, Kakao und Zimt mischen. Zur Buttermasse geben und alles rasch zu einem glatten Teig verkneten. Den Teig in Frischhaltefolie wickeln und ca. 1 Std. kühl stellen.

> Den Backofen auf 180 °C (Umluft 160 °C) vorheizen. Zwei Backbleche mit Backpapier belegen. Die Mandeln längs halbieren. Aus dem Teig Kugeln (2 cm Ø) formen und jeweils 1 Mandelhälfte auf die Plätzchen drücken. Aufs Blech legen und im Ofen (Mitte) ca. 15 Min. backen. Mit dem Papier vom Blech ziehen und abkühlen lassen.

Frankfurter Bethmännchen

Für ca. 25 Stück
200 g Marzipanrohmasse
1 Ei
50 g geschälte gemahlene Mandeln
50 g Puderzucker
2 EL Mehl (20 g)
2 EL Rosenwasser (Apotheke)
40 ganze geschälte Mandeln
Backpapier fürs Blech

> Das Marzipan würfeln, das Ei trennen. Marzipan, Eiweiß, Mandeln, Puderzucker, Mehl und Rosenwasser zu einem glatten Teig verkneten.

> Den Backofen auf 170 °C (Umluft 150 °C) vorheizen. Ein Backblech mit Backpapier belegen. Die ganzen Mandeln längs halbieren. Aus dem Teig Kugeln (2 cm Ø) formen. An jede Kugel senkrecht 3 Mandelhälften andrücken. Die Kugeln aufs Blech setzen. Eigelb mit 1 EL Wasser verquirlen und die Kugeln oben damit bestreichen. Im Ofen in ca. 15 Min. goldgelb backen.

Bethmännchen

Der Legende nach wurde das Marzipangebäck um 1830 für die Frankfurter Bankiersfamilie Bethmann kreiert. Stellvertretend für jeden der vier Söhne drückte man damals eine halbe Mandel andie Kugeln. Als einer der Söhne starb, nahm man auch eine Mandel weg.

Gelungen geschlungen

Sind Ihre Finger nach dem vielen Rollen schön geschmeidig? Dann schaffen Sie auch das Biegen von Hörnchen und das – zugegebenermaßen nicht ganz einfache – Schlingen von Brezeln und Schleifen mit Leichtigkeit.
Wenn Sie keine Lust auf filigranes Schlingen haben, legen wir Ihnen zwei kleine Küchenhelfer ans Herz: ein simples Trinkglas und einen Brezelausstecher. Mit dem Trinkglas können Sie aus dem ca. 7 mm dick ausgerollten Teig ganz schnell kipferlförmige Halbmonde ausstechen. Dafür schieben Sie die Glasöffnung von unten über den Teig, bis ein Halbmond entsteht. Den Mond abstechen, abheben und das Glas für den nächsten Mond nach oben schieben. Für Brezeln gibt es spezielle Ausstecher (siehe Seite 156).

Kipferl

Im zarten Kipferl berühren sich quasi Orient und Okzident. Denn seine Form zeigt einen Halbmond – angeblich den türkischen. Wie es heißt, hätten die Wiener Bäcker die Kipferl 1683 als Hohn auf die erfolglose Belagerung ihrer Stadt durch die Türken erschaffen. Ob das jedoch der Wahrheit entspricht? Wer weiß, Kipferl nämlich werden bereits in einer Urkunde aus dem 12. Jahrhundert erwähnt – wenn auch nicht gebogen.

Vanillekipferl

Für ca. 60 Stück
2 Vanilleschoten oder
  1 TL gemahlene Vanille
220 g kalte Butter
280 g Mehl + Mehl zum
  Arbeiten
100 g geschälte gemahlene
  Mandeln
80 g Puderzucker
1 Prise Salz
Puderzucker zum Bestäuben
Backpapier fürs Blech

> Die Vanilleschoten längs aufschlitzen und das Mark herausschaben. Die Butter in Stückchen teilen. Mehl, Mandeln, Puderzucker, Salz und die Butterstückchen rasch zu einem glatten Teig verkneten. In Frischhaltefolie wickeln und mindestens 8 Std. oder über Nacht kühlen stellen.

> Den Backofen auf 170 °C (Umluft 150 °C) vorheizen. Zwei Backbleche mit Backpapier belegen. Den Teig auf der dünn bemehlten Arbeitsfläche zu fingerdicken Rollen formen und diese in ca. 5 cm lange Stücke schneiden. Die Stücke zu Röllchen mit spitz zulaufenden Enden formen, dann zu Hörnchen biegen und aufs Blech legen. Im Ofen (Mitte) in 12–15 Min. zartgelb backen. Mit dem Papier vom Blech ziehen. Noch heiß dick mit Puderzucker bestäuben.

» Die Kipferl bekommen eine besonders vanillige Note, wenn Sie den Puderzucker zum Bestäuben mit hausgemachtem Vanillezucker (siehe Seite 16) mischen.

> **Und noch eins**: Für **Vollkorn-Vanille-Kipferl** den Teig aus je 100 g Buchweizen- und Weizenvollkornmehl, 150 g gemahlenen Mandeln, 80 g Puderzucker, dem Mark von 2 Vanilleschoten (oder 1 gestrichener TL Vanillepulver), 2 Eigelb, 1 Prise Salz und 150 g kalten Butterflöckchen zubereiten. Den Teig ca. 1 Std. kühlen. Dann Kipferl formen und wie beschrieben 15–20 Min. backen. Mit Puderzucker bestäuben.

Pinienkern-Nelken-Hörnchen

Für ca. 50 Stück
50 g Pinienkerne
175 g kalte Butter oder Margarine
275 g Mehl + Mehl zum Arbeiten
25 g Speisestärke
1/2 TL Backpulver
125 g Zucker
2 Päckchen Vanillezucker
1/2 TL gemahlene Nelken
1 Ei
100 g Puderzucker
1 TL Zimt
Backpapier fürs Blech

> Die Pinienkerne in einer beschichteten Pfanne ohne Fett rösten, bis sie duften. Abkühlen lassen und fein mahlen. Die Butter in Stückchen teilen. Mehl, Speisestärke, Backpulver, Zucker, 1 Päckchen Vanillezucker und Nelken mischen. Mit dem Ei und den Butterstückchen rasch zu einem glatten Teig verkneten. In Frischhaltefolie wickeln und ca. 30 Min. kühlen stellen.

> Den Backofen auf 170 °C (Umluft 150 °C) vorheizen. Zwei Backbleche mit Backpapier belegen. Den Teig auf der dünn bemehlten Arbeitsfläche zu fingerdicken Rollen formen und diese in ca. 5 cm lange Stücke schneiden. Die Stücke zu Röllchen mit spitz zulaufenden Enden formen, dann zu Hörnchen biegen und aufs Blech legen. Im Ofen (Mitte) in 12–15 Min. zartgelb backen. Mit dem Papier vom Blech ziehen. Puderzucker, Zimt und 1 Päckchen Vanillezucker mischen und die Hörnchen damit bestäuben. Abkühlen lassen.

Sahne-Anis-Schleifen

Für ca. 35 Stück
75 g kalte Butter oder Margarine
200 g Mehl + Mehl zum Arbeiten
50 g Speisestärke
1 gestrichener TL Backpulver
75 g Zucker
1 TL gemahlener Anis
75 g Sahne
1 Ei
150 g Puderzucker
3 EL Kirschsaft

> Die Butter in Stückchen teilen. Mehl, Speisestärke und Backpulver mischen. Zucker, Anis, Sahne, Ei und die Butterstückchen zugeben. Alles rasch zu einem glatten Teig verkneten. Den Teig in Frischhaltefolie wickeln und 30 Min. kühlen stellen.

> Den Backofen auf 170 °C (Umluft 150 °C) vorheizen. Zwei Backbleche mit Backpapier belegen. Den Teig auf der bemehlten Arbeitsfläche zu einem Rechteck (50 x 15 cm) ausrollen. Mit dem Teigrädchen oder einem Messer in Streifen (ca. 1,5 x 15 cm) schneiden. In jeden Streifen einen Knoten schlingen. Aufs Blech legen und im Ofen (Mitte) 15–18 Min. backen. Mit dem Papier vom Blech ziehen und abkühlen lassen.

> Den Puderzucker mit dem Kirschsaft zu einem Guss verrühren. Die Schleifen damit überziehen und auf einem Kuchengitter trocknen lassen.

Butter-S

Für ca. 40 Stück
125 g kalte Butter
250 g Mehl + Mehl zum Arbeiten
65 g Puderzucker
3 Eigelb
1 TL abgeriebene Bio-Zitronenschale
1 Eiweiß
50 g Hagelzucker
Backpapier fürs Blech

> Die Butter in Stückchen teilen. Mehl, Puderzucker, Eigelb, Zitronenschale und den Butterstückchen rasch zu einem glatten Teig verkneten. Den Teig in Frischhaltefolie wickeln und 30 Min. kühlen stellen.
> Den Backofen auf 170 °C (Umluft 150 °C) vorheizen. Zwei Backbleche mit Backpapier belegen. Den Teig auf der bemehlten Arbeitsfläche zu fingerdicken Rollen formen und diese in ca. 8 cm lange Stücke schneiden. Die Stücke zu einem „S" formen.
> Das Eiweiß leicht verquirlen. Den Hagelzucker auf einen Teller streuen. Die „S" auf der Oberseite mit Eiweiß bestreichen und mit der bestrichenen Seite in den Hagelzucker drücken. Aufs Blech legen und im Ofen (Mitte) in ca. 10 Min. goldgelb backen. Mit dem Papier vom Blech ziehen und abkühlen lassen.

» Dieser schwäbische Gutsle-Klassiker schmeckt auch mit Schokolade. Dafür statt Zitronenschale 2 EL Kakao und 1 EL Rum unter den Teig kneten.

Süße Schokobrezeln

Für ca. 40 Stück
60 g Zartbitterschokolade
75 g weiche Butter
100 g Zucker
1 Päckchen Vanillezucker
1 Prise Salz
1 Ei
2 Eigelb
2 EL Mandellikör oder 4 Tropfen Bittermandel-Backöl
200 g Mehl
1/2 TL Backpulver
50 g geschälte gemahlene Mandeln
50 g Hagelzucker
Backpapier fürs Blech

> Die Schokolade fein mahlen oder hacken. Die Butter mit Zucker, Vanillezucker und Salz schaumig schlagen. Das Ei, 1 Eigelb und den Likör einrühren. Mehl, Backpulver und Mandeln auf die Eiercreme streuen und alles rasch zu einem glatten Teig verkneten. In Frischhaltefolie wickeln und ca. 2 Std. kühl stellen.
> Den Backofen auf 170 °C (Umluft 150 °C) vorheizen. Zwei Backbleche mit Backpapier belegen. Den Teig auf der bemehlten Arbeitsfläche zu bleistiftdicken Rollen formen und diese in ca. 18 cm lange Stücke schneiden. Die Stücke zu Brezeln schlingen und aufs Blech legen.
> 1 Eigelb mit 1 TL Wasser verquirlen und die Brezeln damit bestreichen. Mit Hagelzucker bestreuen. Im Ofen (Mitte) ca. 12 Min. backen. Mit dem Papier vom Blech ziehen und abkühlen lassen.

Feine Orangenbrezeln

Für ca. 35 Stück
1 Bio-Orange
100 g weiche Butter
50 g Zucker
1 Päckchen Vanillezucker
1 Prise Salz
1 Eigelb
100 g geschälte gemahlene Mandeln
100 g Mehl + Mehl zum Arbeiten
150 g Puderzucker
Backpapier fürs Blech

> Die Orange heiß abwaschen und abtrocknen. Die Hälfte der Schale dünn abreiben, die Frucht auspressen. 3 EL Orangensaft für die Glasur beiseitestellen.
> Die Butter mit Zucker, Vanillezucker und Salz schaumig schlagen. Das Eigelb einrühren. Die Orangenschale und 2 EL Saft zugeben. Mit Mehl und Mandeln rasch zu einem glatten Teig verkneten. Den Teig in Frischhaltefolie wickeln und 2 Std. kühl stellen.
> Den Backofen auf 170 °C (Umluft 150 °C) vorheizen. Zwei Backbleche mit Backpapier belegen. Den Teig auf der dünn bemehlten Arbeitsfläche zu bleistiftdicken Rollen formen und diese in ca. 12 cm lange Stücke schneiden. Die Stücke zu Brezeln schlingen. Aufs Blech legen und im Ofen (Mitte) in ca. 15 Min. zartgelb backen. Mit dem Papier vom Blech ziehen und abkühlen lassen.
> Den Puderzucker mit 3 EL Orangensaft zu einer dünnflüssigen Glasur verrühren. Die Brezeln in die Glasur tauchen und auf einem Kuchengitter trocknen lassen.

» Nach diesem Rezept können Sie auch fruchtige **Zitronenbrezeln** backen. Dafür die Orange einfach gegen eine Bio-Zitrone austauschen.

Tipp

Zu Brezeln schlingen

Die Form der Brezel ist sagenumwoben. Manche sehen in dem verschlungenen Teigstrang zum Gebet verschränkte Kinderarme, andere das gewundene Seil der Fesselung Christi. Eines steht jedoch fest: Sie wird schon seit Urzeiten gebacken, und ist seit dem 14. Jahrhundert das Zunftzeichen der Bäcker. In der Struwwelpeter-Episode von den schwarzen Buben taucht Nikolaus seinen Kaspar sogar samt „Bretzel" ins Tintenfass. Für schön geformte Brezeln schneiden Sie bleistiftdick gerollte Teigstränge in ca. 15 cm lange Stücke. Dann führen Sie ein Strangende in einem Bogen auf die Strangmitte und drücken es fest. Mit dem zweiten Strangende verfahren Sie ebenso und legen es neben das erste Strangende.

Schön schnittig

Mit ganz wenig Aufwand im Nu ganz viele Plätzchen auf einmal haben? Das gelingt mit einem kleinen Trick: Sie backen zuerst einen großen Kuchen auf dem Blech und schneiden ihn anschließend in mundgerechte Häppchen. Die schnelle Technik klappt mit Rührteig besonders problemlos, aber auch zarter Mürbeteig lässt sich gut schneiden. Und mit etwas Schokoglasur oder Zuckerguss sind die süßen Schnittchen im Nu weihnachtsfein.

Geschnitten Brot

Süßes Brot – das gibt es nur in der Adventszeit. Auf dem Blech als Platte oder als Laib gebacken, wird es anschließend in Schnitten, Rauten oder Scheiben geteilt.
Beim Schneiden hilft ein einfacher kleiner Trick: Zerteilen Sie den Kuchen, solange er noch warm ist. So werden die Schnittkanten schön glatt.

Schokobrot mit weihnachtlichem Puderzuckermuster

Berliner Brot mit Rahm

Für ca. 60 Stück
100 g Haselnusskerne
100 g Mandeln
500 g Mehl
1 EL Backpulver
500 g Zucker
3 EL Kakao
2 TL Zimt
1 TL gemahlene Nelken
2 EL Sauerrahm (saure Sahne)
4 Eier
100 g Puderzucker
2–3 EL Milch
Fett fürs Blech

> Die Haselnüsse und Mandeln grob hacken. In einer beschichteten Pfanne ohne Fett rösten, bis sie duften. Den Backofen auf 180 °C (Umluft 160 °C) vorheizen. Ein Backblech fetten.
> Das Mehl mit dem Backpulver mischen und in eine große Rührschüssel sieben. In die Mitte eine Mulde drücken. Zucker, Kakao, Zimt, Nelken, Nüsse und Mandeln auf dem Rand verteilen. Den Sauerrahm und die Eier in die Mulden geben. Alles zu einem glatten Teig verkneten. Den Teig gleichmäßig auf dem Blech ausrollen. Im Ofen (Mitte) ca. 20 Min. backen.
> Puderzucker und Milch zu einem glatten Guss verrühren. Das Berliner Brot noch warm damit bestreichen und in Rechtecke (ca. 3 x 5 cm) schneiden. Die Schnitten vom Blech lösen und auf einem Kuchengitter auskühlen lassen.

» Sie können das Brot auch mit 150 g Sauerrahm backen, das macht es saftiger. Allerdings lässt sich der Teig dann nicht mehr ausrollen. Streichen Sie den Teig mit einem angefeuchteten Esslöffel auf ein mit Backpapier belegtes Blech.

Schottisches Shortbread

Für ca. 60 Stück
300 g weiche gesalzene Butter (oder 300 g Butter + 1/2 TL Salz)
200 g Zucker
500 g Mehl
Zucker zum Wenden

> Die Butter mit dem Zucker schaumig schlagen. Das Mehl darübersieben und alles rasch zu einem glatten Teig verkneten. Den Teig in Frischhaltefolie wickeln und 2 Std. kühl stellen.
> Den Backofen auf 180 °C (Umluft 160 °C) vorheizen. Den Teig auf einem ungefetteten Backblech ca. 1,5 cm dick ausrollen. Die randlose Seite des Blechs mit einem vierfach gefalteten Streifen Alufolie begrenzen. Die Teigplatte mit einer Gabel für das typische Shortbread-Muster mehrmals einstechen. Im Ofen (Mitte) 25–30 Min. backen.
> Den Zucker zum Wenden auf einen Teller streuen. Das Shortbread sofort nach dem Backen in Streifen (ca. 1,5 x 7 cm) schneiden und diese sofort im Zucker wenden. Auf einem Kuchengitter abkühlen lassen.

Tipp

Weißer Glühwein

Zum schottischen Shortbread passt ein leichter weißer Glühwein. Für 4–6 Gläser 1 Bio-Orange heiß abwaschen, abtrocknen und in Scheiben schneiden. Die Scheiben mit 2 Nelken und 1 Sternanis spicken. 500 ml heller Traubensaft mit den Orangenscheiben und 1 Zimtstange erhitzen. 500 ml trockenen Weißwein zugießen und nicht mehr kochen lassen. 2 EL Orangenlikör und 1 TL Honig einrühren. In jedes Glas 1–2 TL Rum geben und den Glühwein durch ein Sieb daraufgießen. Sofort servieren.

> **Und noch eins:** Für **Millionaire's Shortbread** den Teig aus 125 g weicher gesalzener Butter, 50 g braunem Zucker und 175 g Mehl zubereiten. Nach dem Kühlen in einer quadratischen Form (23 x 23 cm) ausrollen, mit einer Gabel mehrmals einstechen und wie beschrieben 20 Min. backen. In der Form abkühlen lassen. 50 g Butter, 50 g braunen Zucker und 400 g Kondensmilch in einer beschichteten Pfanne unter Rühren aufkochen. Die Masse bei schwacher Hitze 4–5 Min. köcheln lassen, bis sie sich vom Pfannenrand löst und goldgelb karamellisiert. Den Karamell auf das Shortbread gießen und vollständig auskühlen lassen. 150 g Vollmilchkuvertüre schmelzen und das Shortbread damit überziehen. Nach dem Auskühlen in Streifen schneiden.

Schokoladenbrot

Für ca. 60 Stück
250 g Blockschokolade
250 g weiche Butter
250 g Zucker
6 Eier
250 g gemahlene Mandeln
100 g Mehl
Fett fürs Blech
Für die Deko:
ca. 30 Mandeln
200 g Schokoladenglasur

> Die Schokolade fein reiben. Den Backofen auf 180 °C (Umluft 160 °C) vorheizen. Butter und Zucker schaumig schlagen. Die Eier einzeln einrühren. Schokolade, Mandeln und Mehl mischen und unterrühren. Den Teig gleichmäßig aufs Blech streichen und im Ofen (Mitte) 20–25 Min. backen. Herausnehmen und kurz abkühlen lassen. Noch warm in Rechtecke (ca. 3 x 4 cm) schneiden, vom Blech lösen und auskühlen lassen.

> Die Mandeln in einer Schüssel mit heißem Wasser übergießen und kurz ziehen lassen. Die Schalen abziehen und die Mandeln längs halbieren. Die Schokoglasur nach Packungsangabe erwärmen und die Schnitten damit überziehen. Mit je 1 Mandelhälfte belegen.

Ulmer Brot

Für ca. 80 Stück
75 g Walnusskerne
75 g Blockschokolade
je 75 g Zitronat und Orangeat
75 g weiche Butter oder Margarine
750 g brauner Zucker
1 Päckchen Vanillezucker
1 Ei
1 Eigelb
10 g Lebkuchengewürz
2 TL Zimt
1/2 TL gemahlene Nelken
1 Schuss Rum
500 g Mehl
1 Päckchen Backpulver
120–150 ml Milch
Fett fürs Blech
Für die Deko:
1 Eiweiß
100 g Puderzucker
1 Schuss Arrak
bunte Zuckerstreusel

> Nüsse, Schokolade, Zitronat und Orangeat fein mahlen. Den Backofen auf 180 °C (Umluft 160 °C) vorheizen. Ein Backblech fetten.

> Die Butter mit Zucker und Vanillezucker schaumig schlagen. Ei und Eigelb nacheinander einrühren. Lebkuchengewürz, Zimt, Nelken und Rum unterziehen. Gemahlene Nüsse, Schokoraspel, Zitronat und Orangeat unterheben. Mehl und Backpulver mischen. Die Mehlmischung abwechselnd mit der Milch einrühren. Alles mit den Knethaken den Handrührgeräts zu einem festen Teig verkneten.

> Den Teig mit dem Nudelholz gleichmäßig auf dem Blech ausrollen. Im Backofen (Mitte) ca. 25 Min. backen. Herausnehmen und kurz abkühlen lassen.

> Inzwischen das Eiweiß steif schlagen. Dabei den Puderzucker einrieseln lassen und den Arrak unterrühren. Die Teigplatte noch warm mit Zuckerguss bestreichen und mit Zuckerstreuseln bestreuen. In Rauten (ca. 3 x 3 cm) schneiden, vom Blech lösen und auf einem Kuchengitter auskühlen lassen. In Dosen aufbewahren.

Schwäbisches Zimtbrot

Für ca. 50 Stück
250 g Mandelstifte
1 Zitrone
30 g Zitronat
3 Eier
250 g Zucker
3 EL Zimt (12 g)
1 EL gemahlene Nelken (4 g)
250 g Mehl (Type 550)
1 TL Backpulver
Backpapier fürs Blech

> Die Mandeln in einer beschichteten Pfanne ohne Fett hellgelb anrösten. Herausnehmen und abkühlen lassen. Zitrone heiß abwaschen, abtrocknen und die Schale dünn abreiben. Zitronat sehr fein hacken.

> Die Eier mit dem Zucker dickschaumig aufschlagen. Zimt, Nelken, Zitronenschale und Zitronat einrühren. Mandeln, Mehl und Backpulver unterheben. Den Teig 2 Std. kühl stellen.

> Den Backofen auf 200 °C (Umluft 180 °C) vorheizen. Ein Backblech mit Backpapier belegen. Aus dem Teig mit angefeuchteten Händen direkt auf dem Blech zwei Laibe in Blechlänge formen. (Vorsicht, der Teig ist sehr weich). Im Ofen (Mitte) in ca. 15 Min. hellgelb backen.

> Die Laibe herausnehmen und kurz abkühlen lassen. Jeden Laib schräg in 1 cm dicke Scheiben schneiden. Die Scheiben mit der Schnittfläche aufs Blech legen und im warmen Ofen bei 120 °C (Umluft 100 °C) in ca. 10 Min. goldgelb rösten. Das Zimtbrot auf einem Kuchengitter abkühlen lassen.

Für ca. 80 Stück
200 g Mandeln
250 g Mehl (Type 550)
+ Mehl zum Arbeiten
1 TL Backpulver
180 g Zucker
2 Päckchen Vanillezucker
1/2 Fläschchen Backöl Bittermandel
1 Prise Salz
25 g weiche Butter
2 Eier
Backpapier fürs Blech

Cantuccini (Italienisches Mandelbrot)

> Die Mandeln blanchieren und abziehen (siehe Tipp Seite 98). Auf einem Küchentuch ausbreiten und über Nacht trocknen lassen.

> Mehl, Backpulver, Zucker, Vanillezucker, Bittermandelaroma und Salz in einer großen Schüssel mischen. In die Mitte eine Mulde drücken, Butter und Eier hineingeben. Alles zu einem glatten Teig verkneten. Zuletzt die Mandeln einarbeiten. Den Teig zu einer Kugel formen, in Frischhaltefolie wickeln und 2 Std. kühl stellen.

> Den Backofen bei 200 °C (Umluft 180 °C) vorheizen. Ein Backblech mit Backpapier belegen. Den Teig in 4 Portionen teilen. Jede Portion auf der bemehlten Arbeitsfläche zu einer 25 cm langen Rolle formen. Diese mit ausreichend Abstand aufs Blech legen. Im Ofen (Mitte) 10–15 Min. backen.

Cantuccini – das knusprige Gebäck schmeckt nicht nur zu Weihnachten.

- Herausnehmen, etwas abkühlen lassen und schräg in 1 cm dicke Streifen schneiden. Mit der Schnittfläche aufs Blech legen und im warmen Ofen bei 120 °C (Umluft 100 °C) nochmals ca. 10 Min rösten.
- **Und noch eins:** Für **Schoko-Cantuccini** 80 g Zartbitterkuvertüre grob hacken. Mit 25 g Butter im Wasserbad schmelzen und abkühlen lassen. 250 g Mehl (Type 550), 1 TL Backpulver, 1 EL Kakao, 140 g Zucker, 2 Päckchen Vanillezucker und 1 Prise Salz in einer Schüssel mischen. Mit 2 Eiern und der flüssigen Kuvertüre zu einem glatten Teig verkneten. 200 g Mandeln unterkneten. Bei Bedarf noch etwas Mehl zugeben. Den Teig in Frischhaltefolie wickeln und 2 Std. kühlen. Aus dem Teig 4 Rollen formen, mit Wasser bepinseln und wie beschrieben backen. Die gebackenen Teigstangen schräg in 1 cm dicke Streifen schneiden und wie beschrieben rösten.

Tipp

Knusperstückchen

Über Italien haben die trockenen Schnittchen den Sprung auf unsere Gebäckteller geschafft. Aber Zwieback gehörte früher auch in deutschen Haushalten zur Grundausstattung und wurde im Winter gerne auch besonders gewürzt. Doppelt gebackene Plätzchen zählen zum ältesten Gebäck überhaupt. Die Methode, Gebäck zweimal zu backen und so besonders lange haltbar zu machen, kennt man schon seit der Antike. Zwiebäckchen bleiben in gut schließenden Dosen mehrere Wochen knackig frisch. Falls sie doch einmal Feuchtigkeit ziehen und ledrig werden, einfach wieder in der Nachhitze des ausgeschalteten Backofens trocknen lassen.

Ecken & Spitzen – schräge Leckerei

Es muss nicht immer rund sein – schräg Geschnittenes schmeckt auch sehr lecker. Außerdem peppen Ecken und Spitzen mit ihrer dreieckigen Form jeden Plätzchenteller auf.

Für besonders akkurate Dreieckchen schneiden Sie die Kuchenplatte am besten zuerst in Quadrate und halbieren diese dann diagonal.

Nussecken wie früher bei Oma.
Da werden Kindheitserinnerungen wach.

Schoko-Ingwer-Spitzen

Für ca. 60 Stück
250 g Zartbitterschokolade
100 g + 25 g kandierter Ingwer
200 g gemahlene Haselnüsse
125 g weiche Butter
200 g Zucker
4 Eier
250 g Mehl (Type 550)
200 g Puderzucker
3–4 EL Orangensaft
Backpapier fürs Blech

> Die Schokolade fein reiben, 100 g Ingwer fein hacken. Schokolade, Ingwer und Nüsse mischen. Den Backofen auf 200 °C (Umluft 180 °C) vorheizen. Ein Backblech mit Backpapier belegen.

> Butter und Zucker schaumig schlagen. Die Eier einzeln einrühren. Die Ingwermischung unterrühren. Mehl unterheben. Den Teig ca. 2 cm dick aufs Blech streichen und im Ofen (Mitte) 25–35 Min. backen. Noch warm in Rauten (ca. 6 cm) schneiden und zu Dreiecken halbieren. Die Spitzen vom Blech lösen und auf einem Kuchengitter auskühlen lassen.

> 25 g Ingwer in feine Streifen schneiden. Puderzucker und Orangensaft zu einem cremigen Guss verrühren. Die Ingwerspitzen damit bestreichen und mit den Ingwerstreifen verzieren.

Himbeer-Mandel-Schnittchen

Für ca. 60 Stück
75 g kalte Butter
150 g Mehl
1/2 gestrichener TL Backpulver
75 g Zucker
1 Päckchen Vanillezucker
75 g Crème fraîche
Backpapier fürs Blech
Für den Belag:
2 EL Himbeerkonfitüre
25 g Butter
75 g Zucker
1 Päckchen Vanillezucker
150 g Crème fraîche
150 g Mandelblättchen

> Die Butter in Stückchen teilen. Mehl mit Backpulver mischen und auf die Arbeitsfläche sieben. Mit Zucker, Vanillezucker, Crème fraîche und den Butterstückchen rasch zu einem glatten Teig verkneten. In Frischhaltefolie wickeln und 30 Min. kühl stellen.

> Ein Backblech mit Backpapier belegen. Den Teig darauf zu einem Rechteck (20 x 40 cm) ausrollen. Die offene Seite mit einem vierfach gefalteten Streifen Alufolie begrenzen. Den Backofen auf 180 °C (Umluft 160 °C) vorheizen.

> Für den Belag die Konfitüre erwärmen, durch ein Sieb streichen und so die Kernchen entfernen. Die Teigplatte damit bestreichen. Butter, Zucker, Vanillezucker und Crème fraîche in einem Topf schmelzen. Die Mandelblättchen einrühren und etwas abkühlen lassen. Die Masse gleichmäßig auf der Teigplatte verteilen. Im Ofen (Mitte) ca. 20 Min. backen. Mit dem Papier vom Blech ziehen und kurz abkühlen lassen. In Quadrate (ca. 5 x 5 cm) schneiden und diese diagonal halbieren. Auf einem Kuchengitter auskühlen lassen.

Festliche Marzipanspitzen
– hier in Rauten geschnitten

Kleine Walnussecken

Für ca. 90 Stück
150 g kalte Butter
220 g Mehl
1/2 TL Backpulver
75 g Zucker
1 Prise Salz
1 Eigelb
Fett fürs Blech

Für den Belag:
100 g Butter
100 g Zucker
2 EL Honig
200 g gehackte Walnüsse oder Haselnüsse
200 g gehackte Mandeln
200 g dunkle Schokoglasur

> Die Butter in Stückchen schneiden. Mehl, Backpulver, Zucker und Salz mischen. Mit dem Eigelb und den Butterstückchen rasch zu einem glatten Teig verkneten. Den Teig in Frischhaltefolie wickeln und 30 Min. kühl stellen.

> Für den Belag Butter, Zucker, Honig und 4 EL Wasser aufkochen. Nüsse und Mandeln einrühren, abkühlen lassen. Den Backofen auf 200 °C (Umluft 180 °C) vorheizen. Ein Backblech fetten.

> Den Teig auf dem Blech ausrollen und mit einer Gabel mehrmals einstechen. Die Nussmasse gleichmäßig darauf verteilen und etwas andrücken. Im Ofen (unten) 15–20 Min. backen. Den Kuchen etwas abkühlen lassen, dann in Quadrate (ca. 5 x 5 cm) schneiden. Diese diagonal halbieren. Die Ecken vollständig abkühlen lassen und vom Blech lösen.

> Die Schokoglasur nach Packungsangabe erwärmen und die Ecken der Kekse hineintauchen. Gut trocknen lassen.

> **Und noch eins:** Sie mögen lieber **Kokosecken**? Dann tauschen Sie den Honig gegen 2 EL Kokoslikör und die Nüsse und Mandeln gegen 400 g Kokosraspel.

Saftige Glühweinhappen

Für ca. 60 Stück
150 g Zartbitterkuvertüre
250 g weiche Butter oder Margarine
230 g Zucker
1 Päckchen Vanillezucker
4 Eier
250 g Mehl
1/2 Päckchen Backpulver
125 ml Glühwein
Backpapier fürs Blech

Für die Deko:
120 g gehackte Mandeln
200 g Puderzucker
3–4 EL Glühwein

> Die Kuvertüre fein reiben. Den Backofen auf 180 °C (Umluft 160 °C) vorheizen. Ein Backblech mit Backpapier belegen.

> Die Butter mit Zucker und Vanillezucker schaumig schlagen. Die Eier einzeln einrühren. Mehl, Backpulver und Kuvertüre mischen. Abwechselnd mit dem Glühwein kurz unterrühren. Den Teig aufs Blech streichen und im Ofen (Mitte) ca. 25 Min. backen. Den Kuchen kurz abkühlen lassen.

> Für die Deko die Mandeln in einer beschichteten Pfanne ohne Fett goldgelb rösten. Puderzucker und Glühwein zu einer cremigen Glasur verrühren. Die Teigplatte damit bestreichen und mit den Mandeln bestreuen. Den Kuchen noch warm in Rauten (ca. 6 cm) schneiden und zu Dreiecken halbieren. Die Happen vom Blech lösen. Vor dem Servieren 2 Tage durchziehen lassen.

Festliche Marzipanspitzen

- Die Butter in Stückchen teilen. Mehl, Puderzucker und Zitronenschale mischen. Mit Eigelb und den Butterstückchen rasch zu einem glatten Teig verkneten. Den Teig in Frischhaltefolie wickeln und 30 Min. kühl stellen.
- Den Backofen auf 170 °C (Umluft 150 °C) vorheizen. Ein Backblech mit Backpapier belegen. Den Teig auf der dünn bemehlten Arbeitsfläche 3 mm dick ausrollen. Aufs Blech legen und mit einer Gabel mehrmals einstechen. Im Ofen (Mitte) ca. 10 Min. backen. Den Boden auf dem Blech abkühlen lassen.
- Für den Belag Marzipan und Rum verrühren. Die Marzipancreme auf die Teigplatte streichen. Butter, Zucker und Wein in einem Topf mischen und aufkochen lassen. Die Haselnüsse einrühren und bei schwacher Hitze köcheln lassen, bis die Masse dick wird. Vom Herd nehmen. Walnüsse und Zimt unterrühren. Die Nussmasse gleichmäßig auf die Marzipanschicht streichen. Mit den gehackten Mandeln bestreuen.
- Den Kuchen mindestens 12 Std. oder über Nacht kühl stellen. Dann in Rauten (ca. 6 cm) schneiden und nach Wunsch zu Dreiecken halbieren. Die Spitzen vom Blech lösen.

Für ca. 60 Stück
150 g kalte Butter
250 g Mehl + Mehl zum Arbeiten
70 g Puderzucker
1 TL abgeriebene Bio-Zitronenschale
2 Eigelb
Backpapier fürs Blech

Für den Belag:
200 g Marzipanrohmasse
4 EL Rum
300 g Butter
300 g Zucker
6 EL Weißwein
300 g gemahlene Haselnüsse
300 g grob gehackte Walnüsse
1 TL Zimt
100 g gehackte Mandeln

Würfel & Schnitten – edle Verführer

Mit einer feinen Hülle aus Schokolade und etwas schmückendem Beiwerk werden aus schlichten Schnittchen im Handumdrehen edle Verführer. Sie können das Gebäck vor dem Schneiden aber auch mit Konfitüre bestreichen oder mit Marzipan füllen. Zugegeben, das macht etwas Arbeit, aber so kommen ganz besondere Weihnachtsfreuden vom Blech.

Linzer Weihnachtsschnitten
– hier mit klassischem Gittermuster –
immer ein Leckerbissen

Hirtenstäbchen

Für ca. 75 Stück
125 g Rosinen
3 EL Rum
100 g Zartbitterschokolade
125 g Mehl
1/2 TL Backpulver
2 Eier
125 g Zucker
1 Päckchen Vanillezucker
1/2 TL Zimt
100 g gehackte Mandeln
50 g Korinthen
100 g Vollmilchkuvertüre
1 TL Öl
100 g Zartbitterkuvertüre
Kokosflocken zum Bestreuen
Fett fürs Blech

> Die Rosinen mit dem Rum übergießen und beiseitestellen. Die Schokolade grob raspeln. Mehl und Backpulver in einer Schüssel mischen. Den Backofen auf 180 °C (Umluft 160 °C) vorheizen. Ein Backblech fetten.

> Die Eier mit 1 EL warmem Wasser schaumig schlagen. Zucker, Vanillezucker und Zimt zugeben und weiterschlagen, bis die Masse hellcremig ist. Die Mehlmischung mit einem Teigspatel locker unterheben. Nacheinander Mandeln, Korinthen, Rumrosinen und Schokoraspeln unterziehen. Den Teig Masse gleichmäßig aufs Blech streichen und im Ofen (Mitte) 12–15 Min. backen. Den Kuchen lauwarm abkühlen lassen. Dann mit einem scharfen Messer in Stäbchen (ca. 2,5 x 6 cm) schneiden. Die Stäbchen vorsichtig vom Blech heben und auf ein Kuchengitter legen.

> Beide Kuvertürsorten mit dem Öl über dem heißen Wasserbad schmelzen lassen. Die Stäbchen jeweils zu einem Drittel hineintauchen und mit Kokosflocken bestreuen. Gut trocknen lassen.

Rumbomben für den Herrn

Für ca. 100 Stück
125 g weiche Butter oder Margarine
350 g Zucker
3 Eier
300 g Mehl
1 Päckchen Backpulver
50 g Kakao
250 ml Milch
Backpapier fürs Blech
Für Glasur und Deko:
200 g Blockschokolade
250 g Butter
250 g Puderzucker
4 EL Milch
125 ml Rum
400 g Kokosflocken

> Den Backofen auf 180 °C (Umluft 160 °C) vorheizen. Ein Backblech mit Backpapier belegen.

> Die Butter mit dem Zucker schaumig schlagen. Die Eier einzeln einrühren. Mehl, Backpulver und Kakao mischen. Abwechselnd mit der Milch unterrühren. Den Teig aufs Blech streichen und im Ofen (Mitte) 25–30 Min. backen. Kurz abkühlen lassen, dann in Würfel (ca. 2 x 2 cm) schneiden.

> Für die Glasur die Schokolade grob hacken. Mit Butter, Puderzucker, Milch und Rum über dem heißen Wasserbad schmelzen lassen. Die Kokosflocken auf einen Teller streuen. Die Kuchenwürfel einzeln auf einen Holzspieß stecken. Zuerst in die Schokoglasur tauchen, dann in den Kokosflocken wenden. Gut trocknen lassen.

Linzer Weihnachtsschnitten

Für ca. 85 Stück
200 g gemahlene Haselnüsse
2 Eier
250 g kalte Butter
250 g Mehl
1/2 TL Backpulver
1/2 TL Zimt
1 Msp. gemahlene Nelken
150 g Zucker
1 Prise Salz
300 g rote Konfitüre (z.B. Himbeer, Kirsch oder Johannisbeer)
2 TL abgeriebene Bio-Orangenschale
Puderzucker zum Bestäuben
Fett fürs Blech
Sternausstecher in verschiedenen Größen

> Die Nüsse in einer beschichteten Pfanne ohne Fett anrösten, bis sie duften. Herausnehmen. 1 Ei trennen. Die Butter in Stückchen teilen. Mehl, Backpulver, Zimt, Nelken, Zucker, Salz und die Nüsse in einer Schüssel mischen. 1 Ei, das Eigelb und die Butterstückchen zugeben. Alles rasch zu einem glatten Teig verkneten. Den Teig in Frischhaltefolie wickeln und ca. 30 Min. kühl stellen.

> Den Backofen auf 180 °C (Umluft 160 °C) vorheizen. Ein Backblech fetten. Zwei Drittel des Teigs auf dem Blech ausrollen und mit einer Gabel mehrmals einstechen. Im Ofen (Mitte) 15 Min. backen. Den restlichen Teig zwischen Frischhaltefolie 3 mm dick ausrollen und Sterne in verschiedenen Größen ausstechen. Die Sterne kühl stellen.

> Die Teigplatte aus dem Ofen nehmen und mit dem restlichen Eiweiß bestreichen. Konfitüre und Orangenschale verrühren und gleichmäßig auf den Boden streichen. Die Teigsterne darauf verteilen. Den Kuchen wieder in den heißen Ofen schieben und in weiteren 15 Min. goldgelb backen. Auf dem Blech kurz abkühlen lassen. Den Kuchen in Rechtecke (ca. 2,5 x 5 cm) schneiden und diese dünn mit Puderzucker bestäuben. Die Schnitten vom Blech lösen und auf einem Kuchengitter auskühlen lassen.

Goldige Baumkuchenwürfel

Für ca. 25 Stück
150 g weiche Butter oder Margarine
125 g Zucker
1 Päckchen Bourbon-Vanillezucker
3 Eier
75 g Mehl
75 g Speisestärke
50 g geschälte gemahlene Mandeln
2 EL Mandellikör
1/2 Röhrchen Bittermandel-Backöl
125 g Quittengelee
Fett und Backpapier für die Form

Für die Deko:
200 g weiße Kuvertüre
1 TL Öl
etwas Blattgold

> Den Backofen auf 250 °C (Umluft 230 °C) vorheizen. Eine Kastenform (25 cm lang) dünn fetten. Den Boden und die Wände mit Backpapier belegen. Die Butter mit Zucker und Vanillezucker schaumig schlagen. Die Eier einzeln einrühren. Mehl, Speisestärke und Mandeln mischen. Mit Likör und Bittermandel-Aroma unterrühren.

> Ca. 1 EL Teig mit einem Backpinsel gleichmäßig auf dem Boden der Form verstreichen. Im Ofen (oben) in 2–4 Min. goldbraun backen. Wieder 1 EL Teig daraufstreichen und backen. Diesen Vorgang wiederholen, bis der Teig aufgebraucht ist. Den Kuchen leicht abgekühlt auf ein Kuchengitter stürzen und das Backpapier abziehen. Ganz abkühlen lassen.

> Den Kuchen in Würfel (ca. 3 x 3 cm) schneiden. Das Gelee erwärmen und die Würfel ringsum damit bestreichen.

> Für die Deko die Kuvertüre hacken und mit 1 TL Öl über dem Wasserbad schmelzen lassen. Die Würfel mit der flüssigen Kuvertüre überziehen. Antrocknen lassen und mit kleinen Stückchen Blattgold belegen. Ganz trocknen lassen.

Gerührte Dominosteine

Für ca. 50 Stück
- 125 g weiche Butter oder Margarine
- 100 g Zucker
- 1 TL Bourbon-Vanillezucker
- 2 Eier
- 150 g Mehl
- 3 gestrichene TL Backpulver
- 50 g Speisestärke
- 3 EL Kakao
- 2 TL Lebkuchengewürz
- 30 g geschälte gemahlene Mandeln
- 1 TL abgeriebene Bio-Orangenschale
- 50 ml Milch
- Backpapier fürs Blech

Für Füllung und Deko:
- 100 g Johannisbeergelee
- 200 g Marzipanrohmasse
- 2 TL Rosenwasser
- 100 g Puderzucker
- 200 g Schokoladenglasur
- 50 g weiße Kuvertüre

> Den Backofen auf 190 °C (Umluft 170 °C) vorheizen. Ein Backblech mit Backpapier belegen. Die Butter mit Zucker und Vanillezucker schaumig schlagen. Die Eier einzeln einrühren. Mehl, Backpulver, Speisestärke, Kakao, Lebkuchengewürz, Mandeln und Orangenschale mischen. Mit der Milch unterrühren.

> Den Teig auf dem Blech verstreichen. Im Ofen (Mitte) ca. 10 Min. backen. Den Kuchen mit dem Papier vom Blech ziehen und abkühlen lassen. Den Boden in zwei Hälften teilen.

> Für die Füllung das Gelee bei schwacher Hitze unter Rühren erwärmen, bis es flüssig ist. Die Hälfte auf eine Teighälfte streichen und antrocknen lassen. Inzwischen Marzipan, Rosenwasser und Puderzucker verkneten. Zwischen Frischhaltefolie in Größe einer Teighälfte ausrollen. Die Marzipanschicht auf die bestrichene Teigplatte legen und mit dem restlichen Gelee bestreichen. Die zweite Teigplatte auflegen und behutsam andrücken. Die Ränder gerade schneiden und den Kuchen in Quadrate (ca. 2 x 2 cm) schneiden.

> Für die Deko die Schokoladenglasur nach Packungsangabe erwärmen und die Dominosteine damit überziehen. Die weiße Kuvertüre hacken und in einen Gefrierbeutel füllen. Den Beutel verschließen und ins warme Wasserbad hängen, bis die Kuvertüre geschmolzen ist. Vom Beutel eine kleine Ecke abschneiden. Die Dominosteine mit Punkten oder feinen Linien verzieren.

Notpralinen

So wurden die Dominosteine scherzhaft genannt als sie 1936 vom Dresdner Schokolatier Herbert Wendler eben „aus der Not heraus“ erfunden wurden. Er wollte nämlich auch weniger betuchte Kunden in seinen Laden locken. Also dachte er sich preisgünstige Pralinen aus Lebkuchenteig, Kirschgelee und Marzipan im dunklen Schokomantel aus. Diese feine Kombination ist längst ein Klassiker, aber noch immer unwiderstehlich!

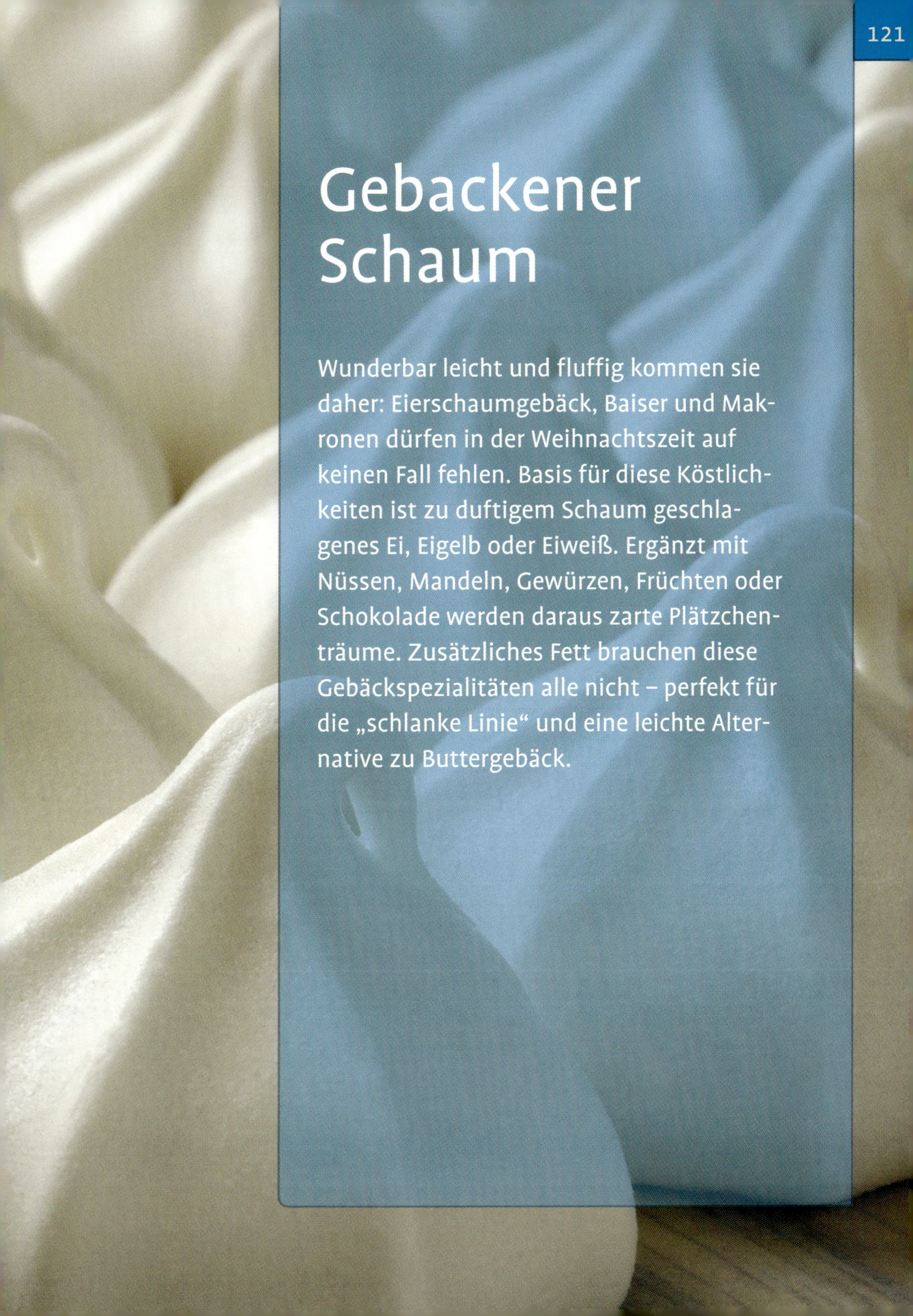

Gebackener Schaum

Wunderbar leicht und fluffig kommen sie daher: Eierschaumgebäck, Baiser und Makronen dürfen in der Weihnachtszeit auf keinen Fall fehlen. Basis für diese Köstlichkeiten ist zu duftigem Schaum geschlagenes Ei, Eigelb oder Eiweiß. Ergänzt mit Nüssen, Mandeln, Gewürzen, Früchten oder Schokolade werden daraus zarte Plätzchenträume. Zusätzliches Fett brauchen diese Gebäckspezialitäten alle nicht – perfekt für die „schlanke Linie" und eine leichte Alternative zu Buttergebäck.

Feine Klassiker

Los geht's mit echten Klassikern, an die Sie sich sicher noch gut erinnern können. Wie sie genau gebacken wurden, hat uns als Kind allerdings nur wenig interessiert. Aber keine Angst: Eierschaumgebäck, Baiser und Makronen stellen keine großen Anforderungen und sind auch ohne große Vorkenntnisse problemlos zu bewältigen. Dabei können Sie auch anderswo übrig gebliebenes Eiweiß oder Eigelb wunderbar verwerten.

Kennen Sie die noch?
Omas Anisplätzchen waren schon immer heiß begehrt.

Omas Anisplätzchen

Für ca. 25 Stück
2 Eier
100 g Zucker
2 TL Vanillezucker
1 TL gemahlener Anis
100 g Mehl
Backpapier fürs Blech

> Ein Backblech mit Backpapier belegen. Die Eier mit Zucker, Vanillezucker und Anis dickschaumig aufschlagen, bis sich der Zucker vollständig gelöst hat. Das Mehl auf den Eierschaum sieben und mit einem Rührlöffel unterheben. Den Teig in einen Spritzbeutel mit Lochtülle füllen und kleine Häufchen aufs Blech spritzen. (Alternativ die Häufchen mit zwei Teelöffeln aufs Blech setzen). Die Teighäufchen mindestens 12 Std. oder über Nacht bei Zimmertemperatur ruhen lassen. Dabei bildet sich an der Oberfläche ein feines Häutchen.

> Den Backofen auf 150 °C (Umluft 130 °C) vorheizen. Die Plätzchen im Ofen (Mitte) in ca. 30 Min. hell backen. Dabei bekommen die Anisplätzchen das typische goldgelbe Füßchen.

Badener Chräbeli

Für ca. 35 Stück
1 Bio-Zitrone
1 EL Anissamen
2 Eier
250 g Puderzucker oder Zucker
250 g Mehl + Mehl zum Arbeiten
1 Msp. Natron
Backpapier fürs Blech

> Die Zitrone heiß abwaschen, abtrocknen und die Schale dünn abreiben. Den Anis im Mörser grob zerdrücken. Ein Backblech mit Backpapier belegen. Die Eier mit Zucker, Zitronenschale und Anis dickschaumig aufschlagen. Mehl und Natron mischen und leicht unterkneten.

> Aus dem Teig Rollen (ca. 1,5 cm Ø) formen und diese in 5 cm lange Stücke schneiden. Die Stücke zu Halbmonden biegen. Diese auf der runden Seite dreimal schräg einschneiden. Die Chräbeli aufs Blech legen und bei Zimmertemperatur mindestens 12 Std. oder über Nacht trocknen lassen.

> Den Backofen auf 160 °C (Umluft 140 °C) vorheizen. Die Chräbeli im heißen Ofen (unten) in ca. 20 Min. hell backen. Mit dem Papier vom Blech ziehen und auskühlen lassen.

Eierschaumgebäck

Tipp

… geht leicht von der Hand. Sie müssen nur Eier und Zucker wirklich dickschaumig aufschlagen. Das dauert mit dem Handrührgerät schon 10 Min., bis sich der Zucker vollständig gelöst hat und die Masse hell und cremig geworden ist. Auch die angegebene Trocknungszeit vor dem Backen sollten Sie unbedingt einhalten. Nach dem Backen sind die Plätzchen recht hart. Legen Sie einfach ein Stück Apfel oder eine Orangenschale in Butterbrotpapier mit in die Dose, bis das Gebäck den gewünschten Biss hat.

Schweizer Walnussplätzchen

Für ca. 40 Stück
325 g Walnusskerne
2 Eier
250 g Zucker
1 EL Kirschwasser
100 g rote Belegkirschen
Backpapier fürs Blech

> Zwei Backbleche mit Backpapier belegen. Die Nüsse fein mahlen. Eier und Zucker dickschaumig aufschlagen. Kirschwasser und Nüsse unterheben. Aus der Masse mit angefeuchteten Händen walnussgroße Kugeln formen und aufs Blech setzen. Die Belegkirschen halbieren. Auf jedes Plätzchen 1 Kirschhälfte drücken. Die Kekse zugedeckt bei Raumtemperatur mindestens 12 Std. oder über Nacht trocknen lassen.

> Den Backofen auf 150 °C (Umluft 130 °C) vorheizen. Die Plätzchen im Ofen (Mitte) 20–25 Min. backen. Mit dem Papier vom Blech ziehen und abkühlen lassen.

Mokka-Busserl

Für ca. 50 Stück
1 Ei
1 EL Honig
125 g Zucker
1/2 TL Zimt
1 Msp. gemahlene Nelken
50 g gehackte Mandeln
40 g fein gehacktes Zitronat
175 g Mehl + Mehl zum Arbeiten
1 TL Backpulver
Backpapier fürs Blech
Für die Deko:
1 EL Rum
2 TL Instant-Kaffeepulver
100 g Puderzucker
50 Schoko-Mokkabohnen

> Den Backofen auf 180 °C (Umluft 160 °C) vorheizen. Ein Backblech mit Backpapier belegen. Honig, Zucker, Zimt und Nelken dickschaumig aufschlagen. Mandeln und Zitronat unterrühren. Mehl und Backpulver mischen und in Portionen unterkneten.

> Aus dem Teig mit bemehlten Händen kirschgroße Kugeln formen und mit etwas Abstand aufs Blech legen. Die Kugeln im Ofen (Mitte) in 12–14 Min. backen. Mit dem Papier vom Blech ziehen und abkühlen lassen.

> Für die Deko Rum und 1 EL Wasser erwärmen. Das Kaffeepulver darin auflösen. Kaffee und Puderzucker zu einer cremigen Glasur verrühren. Die Busserl mit der Oberseite in die Glasur tauchen und auf ein Kuchengitter setzen. Sofort mit je 1 Mokkabohne belegen und gut trocknen lassen.

Zarte Zitronen-Zimt-Baisers

Für ca. 50 Stück
2 Bio-Zitronen
3 Eiweiß
200 g Zucker
2 Päckchen Bourbon-Vanillezucker
1/2–1 TL Zimt
Backpapier fürs Blech

> Die Zitronen heiß abwaschen, trocknen und die Schale dünn abreiben. 1 TL Saft auspressen. Den Backofen auf 120 °C (Umluft 100 °C) vorheizen. Zwei Backbleche mit Backpapier belegen.

> Das Eiweiß mit dem Zitronensaft steif schlagen. Dabei den Zucker und den Vanillezucker langsam einrieseln lassen. Weiterschlagen, bis die Masse glänzt. Zitronenschale und Zimt auf das Baiser streuen und behutsam unterheben.

> Die Baisermasse in einen Spritzbeutel mit Sterntülle füllen und kleine Häufchen aufs Blech spritzen. Im Ofen (Mitte) ca. 1 Std. trocknen. Mit dem Papier vom Blech ziehen und auskühlen lassen.

Tipp

Baiser richtig backen

Baiserplätzchen werden nicht gebacken, sondern bei schwacher Hitze im Ofen getrocknet. Und das braucht eben seine Zeit. Fertig sind die Baisers, wenn die Oberfläche sich leicht verfärbt. Dann sofort mit dem Papier vom Blech ziehen, sonst backen sie auf dem heißen Blech nach und werden trocken und hart. Auch die richtige Vorbereitung zahlt sich aus: Beim Schlagen von Eiweiß müssen Schüssel und Rührbesen unbedingt fettfrei sein – sonst wird der Schnee nicht richtig steif. Ein paar Körnchen Salz oder etwas Zitronensaft machen den Eischnee übrigens besonders schön steif. Die Baisermasse muss sofort gebacken werden. Sie verliert sonst ihre Elastizität und verläuft leicht. In gut schließenden Dosen bleibt das Gebäck schön knusprig.

Klassische Makronen schmecken mit Kokos, Mandeln, Nüssen oder Frucht.

Klassische Mandelmakronen

Für ca. 40 Stück
2 Eiweiß
1 Prise Salz
125 g Zucker
2 Tropfen Bittermandel-Backöl
1 Msp. Zimt
200 g gemahlene Mandeln
ca. 40 Oblaten (40 mm Ø)
Backpapier fürs Blech

> Den Backofen auf 150 °C (Umluft 130 °C) vorheizen. Zwei Backbleche mit Backpapier belegen. Das Eiweiß mit dem Salz steif schlagen. Dabei den Zucker einrieseln lassen. Weiterschlagen, bis die Masse glänzt. Mandelöl, Zimt und Mandeln auf das Baiser streuen und behutsam unterheben.
> Die Oblaten auf die Bleche legen. Mit zwei Teelöffeln kleine Häufchen der Makronenmasse auf die Oblaten setzen. Im Ofen (Mitte) ca. 20 Min. backen. Mit dem Papier vom Blech ziehen und auskühlen lassen.
> **Aus eins mach drei:** Bei diesem Grundrezept können Sie Backöl, Zimt und Mandeln beliebig austauschen. Mit 1 TL abgeriebene Bio-Zitronenschale, 1 TL Zitronensaft und 200 g Kokosraspeln machen Sie darauf im Handumdrehen **Kokosmakronen**. Für **Nussmakronen** heben Sie 1 EL Kakao, 1 Msp. Zimt und 200 g gemahlene Wal- oder Haselüsse unter das Baiser. Für **Fruchtmakronen** ziehen Sie 100 g klein geschnittene getrocknete Aprikosen oder Datteln, 1 Msp. Zimt und 200 g angeröstete Mandelstifte unter die Eiweißmasse.

Wespennester

Für ca. 40 Stück
70 g Zartbitterschokolade
200 g Mandelstifte
3 Eiweiß
1 Prise Salz
190 g Zucker
1 Päckchen Vanillezucker
je 1 Msp. gemahlene Nelken und Zimt
Backpapier fürs Blech

> Die Schokolade fein reiben. Die Mandelstifte in einer beschichteten Pfanne ohne Fett goldgelb rösten. Abkühlen lassen. Den Backofen auf 140 °C (Umluft 120 °C) vorheizen. Zwei Backbleche mit Backpapier belegen.
> Das Eiweiß mit dem Salz steif schlagen. Dabei den Zucker und Vanillezucker einrieseln lassen. Weiterschlagen, bis die Masse glänzt. Nelken, Zimt, Mandelstifte und Schokolade auf das Baiser streuen und behutsam unterheben. Mit zwei Teelöffeln kleine Teighäufchen aufs Blech setzen. Im Ofen (Mitte) 20–25 Min. backen. Mit dem Papier vom Blech ziehen und auskühlen lassen.

Schäume und Makronenträume

Heute schon geküsst? Nein? Dann verwöhnen Sie Ihren Gaumen doch zum Trost mit einem gebackenen Kuss, einem Baiser. Das federleichte Gebäck aus geschlagenem Eiweiß und Zucker heißt auch „Spanischer Wind“, die Schwaben nennen es liebevoll „Schäumle“. Kommen noch Nüsse, Mandeln oder Schokolade in die Schaummasse, bäckt man daraus die etwas kompakteren Makronen.

Mal was anderes: Süße Erdnussküsse

Konfetti-Wölkchen

Für ca. 60 Stück
100 g gemischte bunte Trockenfrüchte
2 EL Mohnsamen
1 EL Speisestärke
2 Eiweiß
1 TL Zitronensaft
125 g Zucker
50 g weiße Schokolade
Backpapier fürs Blech

- Die Trockenfrüchte in ca. 5 mm große Würfelchen schneiden. Mohn und Speisestärke mischen. Den Backofen auf 140 °C (Umluft 120 °C) vorheizen. Zwei Backbleche mit Backpapier belegen.
- Das Eiweiß mit dem Zitronensaft steif schlagen. Dabei den Zucker einrieseln lassen Weiterschlagen, bis die Masse glänzt. Die Mohnmischung kurz unterschlagen. Die Fruchtwürfelchen auf das Baiser streuen und behutsam unterheben. Mit zwei Teelöffeln walnussgroße Häufchen aufs Blech setzen. Im Ofen (unten) 40–50 Min. trocknen. Mit dem Papier vom Blech ziehen.
- Die Schokolade hacken, in einen Gefrierbeutel füllen und im heißen Wasserbad schmelzen lassen. Die Wölkchen mit feinen Linien überziehen. Trocknen lassen.

Süße Erdnussküsse

Für ca. 20 Stück
50 g Erdnusskerne
2 Eiweiß
1 Prise Salz
125 g Puderzucker
50 g Zartbitterschokolade
1 TL Butter
2 EL Milch
60 g Erdnussbutter
75 g Puderzucker
Backpapier fürs Blech

- Den Backofen auf 120 °C (Umluft 100 °C) vorheizen. Zwei Backbleche mit Backpapier belegen. Die Erdnusskerne hacken. Das Eiweiß mit dem Salz steif schlagen. Dabei langsam den Puderzucker einrieseln lassen. Die Erdnüsse behutsam unter den Eischnee heben. Mit einem Teelöffel kleine Häufchen aufs Blech setzen und im Ofen (Mitte) ca. 1 Std. trocknen lassen. Den Ofen ausschalten und die Baisers darin auskühlen lassen. Dabei den Ofen nicht öffnen.
- 25 g Schokolade mit der Butter über dem heißen Wasserbad schmelzen lassen. Die Milch einrühren. Erdnussbutter und Puderzucker unterheben und die Masse ganz auskühlen lassen. Je 2 Baiserhäufchen mit einem Klecks Erdnusscreme zusammensetzen. Trocknen lassen.
- Die restliche Schokolade in einen kleinen Gefrierbeutel füllen. Den Beutel ins heiße Wasserbad hängen und die Schokolade schmelzen lassen. Eine feine Ecke abschneiden und die Erdnussküsse mit dünnen Linien überziehen.

Italienische Amarettini
– Mandelaroma pur

Macarons au chocolat (Französische Schokomakronen)

Für ca. 50 Stück
125 g Vollmilchschokolade
60 g Sahne
1 EL Butter
60 g geschälte Mandeln
180 g Puderzucker
25 g Kakao
2 Eiweiß
1 Prise Salz
Backpapier fürs Blech

> Die Schokolade grob hacken. Die Sahne erhitzen und die Schokostückchen darin unter Rühren schmelzen lassen. Die Butter in Flöckchen einrühren. Die Schokosahne in eine Rührschüssel füllen und für mindestens 4 Std. in den Kühlschrank stellen.

> Die Mandeln sehr fein mahlen. Mit Puderzucker und Kakao mischen. Die Mischung durchsieben und im Sieb verbleibende grobe Bestandteile der Mandeln wegwerfen. Den Backofen auf 180 °C (Umluft 160 °C) vorheizen. Zwei Backbleche mit Backpapier belegen.

> Das Eiweiß mit dem Salz sehr steif schlagen. Die Mandelmischung behutsam unterheben. Die Baisermasse in einen Spritzbeutel mit Lochtülle (8 mm Ø) füllen und haselnussgroße Tupfen mit etwas Abstand aufs Blech spritzen. Im Backofen (Mitte) ca. 10 Min. backen. Mit dem Papier vom Blech ziehen und auskühlen lassen.

> Die Schokosahne kurz mit dem Handrührgerät aufschlagen. Je 2 Makronen mit einem Klecks Füllung zusammensetzen. Trocknen lassen.

Tipp

Oblaten oder Backpapier?

Makronen ohne Oblaten sind für viele undenkbar. Aber es bleibt ganz Ihnen überlassen, ob Sie die Makronenmasse lieber auf Oblaten portionieren oder auf Backpapier setzen – wie in den meisten unserer Rezepte. Oblaten schützen empfindliche Teige vor dem Anbrennen auf heißen Backblechen. Diese Rolle übernimmt auch das Backpapier. Egal, ob mit oder ohne, nehmen Sie Makronen nach dem Backen immer sofort vom Blech und lassen Sie sie auf einem Kuchengitter auskühlen. Makronen müssen nach dem Backen innen noch weich sein, da sie während des Abkühlens nachtrocknen. Anschließend schichten Sie Ihre Schätze in gut schließende Dosen. Hier bleiben die Makronen schön knusprig.

Amarettini (Italienische Mandelmakronen)

Für ca. 40 Stück
1 Eiweiß
1 Prise Salz
75 g Puderzucker
3 Tropfen Bittermandel-Backöl
200 g geschälte gemahlene Mandeln
Backpapier fürs Blech

> Den Backofen auf 160 °C (Umluft 140 °C) vorheizen. Ein Backblech mit Backpapier belegen. Den Puderzucker durchsieben.
> Das Eiweiß mit dem Salz sehr steif schlagen. Dabei langsam den Puderzucker einrieseln lassen. Weiterschlagen, bis die Masse glänzt. Das Mandelöl zugeben und die Mandeln behutsam unter das Baiser ziehen.
> Aus der Masse mit angefeuchteten Händen haselnussgroße Kugeln formen. Aufs Blech setzen und im Ofen (Mitte) in ca. 20 Min. zartbraun backen. Mit dem Papier vom Blech ziehen und mit Puderzucker bestäuben. Auf einem Kuchengitter auskühlen lassen.

Springerle – pur oder bunt bemalt – schmücken Plätzchenteller, Baum und Raum.

Saftige Pina-colada-Makronen

Für ca. 25 Stück
75 g getrocknete Ananas
30 g Magerquark
2 Eiweiß
1 TL Zitronensaft
75 g Zucker
1 EL weißer Rum
100 g Kokosflocken
Backpapier fürs Blech

> Die Ananas in feine Würfelchen schneiden, 25 g davon beiseitelegen. Den Backofen auf 150 °C (Umluft 130 °C) vorheizen. Zwei Backbleche mit Backpapier belegen. Den Quark in eine Schüssel geben.

> Das Eiweiß mit dem Zitronensaft steif schlagen. Dabei langsam den Zucker einrieseln lassen. Weiterschlagen, bis die Masse glänzt. Den Eischnee auf den Quark gleiten lassen. Den Rum darüberträufeln, die Kokosflocken und Ananaswürfelchen daraufstreuen. Alles behutsam unterheben. Mit zwei Teelöffeln kleine Häufchen aufs Blech setzen. Mit den restlichen Ananasstückchen belegen. Im Backofen (Mitte) in 15–20 Min. hell backen. Mit dem Papier vom Blech ziehen und abkühlen lassen.

> **Und noch eins:** Für saftige **Kokos-Quark-Makronen** das Baiser mit 70 g Zucker und 1 Päckchen Bourbon-Vanillezucker zubereiten. Wie beschrieben fortfahren und statt Rum 2 Tropfen Bittermandel-Backöl zugeben. Die Makronen nach dem Backen mit 50 g dunkler Schokoladenglasur (Fertigprodukt) in feinen Linien überziehen. Trocknen lassen.

Stracciatella-Berge

Für ca. 40 Stück
100 g Zartbitterschokolade
250 g Kokosraspel
1 EL Mehl
3 Eiweiß
1 Prise Salz
190 g Zucker
1 Päckchen Vanillezucker
Backpapier fürs Blech

> Den Backofen auf 150 °C (Umluft 130 °C) vorheizen. Zwei Backbleche mit Backpapier belegen. Die Schokolade grob raspeln. Mit Kokosraspeln und Mehl mischen.

> Das Eiweiß mit dem Salz steif schlagen. Dabei langsam den Zucker und Vanillezucker einrieseln lassen. Weiterschlagen, bis die Masse glänzt. Die Schoko-Kokos-Mischung behutsam unterziehen. Mit zwei Teelöffeln kleine Häufchen aufs Blech setzen. Im Backofen (Mitte) 15–20 Min. backen. Mit dem Papier vom Blech ziehen und abkühlen lassen.

Chic in Form

Süß mögen wir es zur Weihnachtszeit – und gerne auch nett geformt. Da kommen fester Eierschaumteig und kompakte Makronenmasse gerade recht. Denn die beiden sind gut formbar und lassen sich mit Model, Ausstechförmchen oder den bloßen Händen zu ganz besonderen Plätzchen formen.

Schwäbische Springerle

Für ca. 25 Stück
2 Eier
250 g Puderzucker
1 TL abgeriebene Bio-Zitronenschale oder gemahlener Anis
250 g Mehl + Mehl zum Arbeiten
Backpapier fürs Blech
verschiedene Springerlesmodel

> Die Eier mit dem Puderzucker dickschaumig aufschlagen. Die Zitronenschale einrühren. Das Mehl darübersieben und alles rasch zu einem glatten Teig verkneten. Ein Backblech mit Backpapier belegen.

> Den Teig auf der mit Puderzucker bestreuten Arbeitsfläche knapp 1 cm dick ausrollen. Die Oberfläche der Teigplatte und die Model dünn mit Mehl bestäuben. Die Model kurz, aber fest in den Teig drücken. Wieder abheben und die Springerle entlang der Kanten mit einem scharfen Messer ausschneiden. Das Messer dabei mehrmals in Mehl tauchen, damit die Schnittkanten schön glatt werden. Die Springerle aufs Blech legen und eventuell verbliebenes Mehl mit einem Pinsel von der Oberfläche entfernen. Die Springerle mindestens 12 Std. oder über Nacht bei Zimmertemperatur trocknen lassen.

> Den Backofen auf 140 °C (Umluft nicht empfehlenswert) vorheizen. Die Springerle im Ofen (unten) in 25–30 Min. backen. Dabei in die oberste Schiene ein leeres Backblech schieben, damit die Springerle schön hell bleiben. Auf einem Kuchengitter auskühlen lassen.

Tipp

Springerle für den Baum

Springerle sind ein besonderer Blickfang auf dem Plätzchenteller, aber in Süddeutschland auch ein traditioneller Schmuck für den Christbaum. Wollen Sie Ihre Springerle aufhängen, stechen Sie vor dem Trocken oben mit einem Holzstäbchen ein kleines Loch in die Teiglinge. Nach dem Backen ziehen Sie dann bunte Bänder durch. Besonders hübsch sehen die Springerle bemalt aus. Grundsätzlich können Sie dafür jede Farbe verwenden. Werden die Springerle aber gegessen, muss es natürlich Lebensmittelfarbe sein. Springerle werden übrigens erst nach 2–3 Wochen weich, also rechtzeitig backen.

Feine Schokostäbchen

Für ca. 30 Stück
60 g Zartbitterschokolade
1 Ei
1 Eigelb
125 g Zucker
1 Päckchen Vanillezucker
1 Prise Salz
1 TL Instant-Kaffeepulver
200 g gemahlene Mandeln
Puderzucker zum Arbeiten
Backpapier fürs Blech
Für die Deko:
1 Eiweiß
100 g Puderzucker
50 g dunkle Schokoglasur

> Die Schokolade grob hacken und über dem heißen Wasserbad schmelzen lassen. Inzwischen Ei, Eigelb, Zucker, Vanillezucker, Salz und Kaffeepulver dickschaumig aufschlagen. Die Schokolade glatt rühren und unter den Eierschaum ziehen. Die Mandeln unterheben.
> Ein Backblech mit Backpapier belegen. Den Teig auf der mit Puderzucker bestreuten Arbeitsfläche 1 cm dick ausrollen. Die Teigplatte in Stäbchen (ca. 1 x 5 cm) schneiden. Die Stäbchen aufs Blech legen und 2 Std. trocknen lassen.
> Den Backofen auf 160 °C (Umluft 140 °C) vorheizen. Für die Deko das Eiweiß steif schlagen. Dabei den Puderzucker einrieseln lassen. Die Stäbchen mit der Glasur bestreichen und im Ofen (unten) 10–15 Min. backen. Mit dem Papier vom Blech ziehen und abkühlen lassen.
> Die Schokoglasur nach Packungsangabe erwärmen und in einen Gefrierbeutel füllen. Eine feine Ecke abschneiden und die Stäbchen mit dünnen Linien überziehen.

Gewürzsticks

Für ca. 50 Stück
125 g Marzipanrohmasse
200 g Zucker + Zucker zum Wenden
4 Eiweiß
1 Prise Salz
300 g geschälte gemahlene Mandeln
2 EL Mehl
4 TL Lebkuchengewürz
Backpapier fürs Blech

> Das Marzipan grob hacken. Mit dem Zucker und 1 Eiweiß zu einer geschmeidigen Masse verrühren. 3 Eiweiß mit dem Salz steif schlagen. Den Eischnee behutsam unter die Marzipanmasse ziehen. Mandeln, Mehl und Lebkuchengewürz unterheben. Alles gut miteinander verkneten (der Teig klebt leicht). Den Teig zugedeckt mindestens 12 Std. oder über Nacht kühl stellen.
> Den Backofen auf 160 °C (Umluft 140 °C) vorheizen. Zwei Backbleche mit Backpapier belegen. Aus dem Teig 7 cm lange und 1 cm dicke Stäbchen formen. Die Stäbchen in Zucker wenden und aufs Blech legen. Im Ofen (Mitte) ca. 15 Min. backen.

Für ca. 50 Stück
3 Eiweiß
1 EL Zitronensaft
250 g Puderzucker
1 Päckchen Vanillezucker
2 TL Zimt
ca. 450 g gemahlene Mandeln
Backpapier fürs Blech
Sternausstecher (ca. 5 cm Ø)

Zimtsterne

> Das Eiweiß mit dem Zitronensaft steif schlagen. Dabei den Puderzucker und Vanillezucker einrieseln lassen. Weiterschlagen, bis die Masse glänzt. Ein Viertel der Baisermasse abnehmen und beiseite stellen. Zimt und Mandeln auf die restliche Baisermasse streuen und behutsam unterheben. Dabei so viele Mandeln zugeben, bis die Masse gut formbar ist. Die Masse 1 Std. kühl stellen.

> Den Backofen auf 150 °C (Umluft 130 °C) vorheizen. Zwei Backbleche mit Backpapier belegen. Den Teig portionsweise zwischen Frischhaltefolie oder auf der dünn mit Puderzucker bestäubten Arbeitsfläche knapp 1 cm dick ausrollen. Sterne ausstechen und aufs Blech legen. Die Sterne mit der restlichen Baisermassse bestreichen. Im Ofen (unten) in 15–20 Min. hell backen. Die Sterne sollen noch etwas weich sein, aber sich von unten trocken anfühlen. Mit dem Papier vom Blech ziehen und abkühlen lassen.

> **Und noch eins:** Der Ausstechen der Sterne ist eine etwas heikle Angelegenheit. Schneller fertig sind Sie mit **Zimtkugeln**. Dafür die Mandeln gegen gemahlene Haselnüsse tauschen. Aus dem Teig mit angefeuchteten Händen walnussgroße Kugeln formen und aufs Blech setzen. Die Kugeln mit Baiser bestreichen und mit je 1 Haselnusskern belegen. Wie beschrieben ca. 20 Min. backen.

Bärentatzen

Für ca. 50 Stück
100 g Zartbitterschokolade
350 g gemahlene Mandeln
1 TL abgeriebene Bio-Zitronenschale
1 TL Zimt
3 Eiweiß
1 Prise Salz
125 g Zucker + Zucker zum Arbeiten
100 g dunkle Schokoglasur
Backpapier fürs Blech
Bärentatzen- oder Muschel-Förmchen

> Die Schokolade fein reiben. Mit Mandeln, Zitronenschale und Zimt mischen. Das Eiweiß mit dem Salz steif schlagen. Dabei langsam den Zucker einrieseln lassen. Weiterschlagen, bis die Masse glänzt. Die Schoko-Mandel-Mischung unter die Baisermasse ziehen, bis der Teig gut formbar ist.

> Zwei Backbleche mit Backpapier belegen. Das Förmchen mit Zucker ausstreuen. Vom Teig jeweils eine walnussgroße Portion abnehmen und zu einer Kugel formen. In Zucker wälzen und ins Förmchen drücken. Die Bärentatze mit einem leichten Schlag aufs Blech stürzen. Fortfahren, bis der gesamte Teig verarbeitet ist. Die Tatzen mindestens 12 Std. oder über Nacht trocknen lassen.

> Den Backofen auf 180 °C (Umluft 160 °C) vorheizen. Die Tatzen im Ofen (Mitte) ca. 15 Min. backen. Mit dem Papier vom Blech ziehen und abkühlen lassen. Die Schokoglasur nach Packungsangabe erwärmen und die Bärentatzen mit den Spitzen eintauchen. Gut trocknen lassen.

> **Und noch eins:** Für **Eisbärentatzen** statt dunkler 100 g weiße Schokolade und geschälte gemahlene Mandeln verwenden. Den Zimt tauschen Sie dann noch gegen 1 Päckchen Bourbon-Vanillezucker. Die fertigen Tatzen in weiße Kuvertüre tauchen.

Tipp

Ein Löffel als Förmchen

Die Bärentatzen-Förmchen gibt es als einzelnes Förmchen aus Blech, als Model aus Holz oder als Backblech mit zwölf oder mehr Mulden. Sie haben aber nichts von alledem zur Hand? Da hilft beim Formen folgender Trick: Drücken Sie die Teigkugeln einfach in einem Esslöffel glatt und legen Sie die Tatzen mit der gewölbten Seiten nach oben aufs Blech. Wenn Sie mögen, drücken Sie nach dem Eintauchen in die Schokolade noch je 3 Mandelsplitter als Krallen in die Bärentatzen.

Zimtsterne machen etwas Arbeit. Aber die Mühe lohnt sich.

Auf den letzten Drücker

Oh je, die Weihnachtstage stehen schon vor der Tür. Und Sie haben noch nichts gebacken? Nur die Ruhe! Mit unseren schnellen Rezepten zaubern Sie noch auf den letzten Drücker im Handumdrehen leckeres Weihnachtsgebäck und köstliches Konfekt. Das können Sie dann in aller Ruhe selbst genießen oder nett verpacken und verschenken. So haben Sie noch rasch ein sehr persönliches Geschenk für Ihre Lieben oder gute Freunde parat.

Schnelles für den bunten Teller

Eine Handvoll Zutaten, wenige Handgriffe und eine kurze Backzeit – schon haben Sie ein ganzes Blech mit köstlichem Gebäck. Aufwendiges Formen, Ausstechen oder Verzieren entfällt dabei ganz. Wunderbar für Eilige, denn das kriegen Sie sogar noch kurz vor der Bescherung hin. Wer ganz knapp dran ist, darf auch schon mal zu Fertigteig aus dem Kühlregal greifen. Denn auch damit lassen sich knusprige Köstlichkeiten zaubern.

Schoko-Vanille-Cookies sind im Handumdrehen fertig.

Espresso-Taler

Für ca. 25 Stück
125 g weiche Butter
90 g Zucker
1 Ei
110 g Mehl
60 g gemahlene Haselnüsse (oder andere Nüsse)
3–4 EL frisch gebrühter Espresso
125 g Puderzucker
25 Schokobohnen
Backpapier fürs Blech

> Den Backofen auf 170° (Umluft 150°) vorheizen. Zwei Bleche mit Backpapier belegen. Die Butter mit dem Zucker schaumig schlagen. Das Ei unterrühren. Mehl, Nüsse und 2 EL Espresso unterziehen.

> Mit einem angefeuchteten Teelöffel ca. 25 walnussgroße Teighäufchen abstechen und mit reichlich Abstand aufs Blech setzen. Im Backofen (Mitte) 10–12 Min. backen. Mit dem Papier vom Blech ziehen und abkühlen lassen.

> Puderzucker und 1–2 EL Espresso zu einem glatten Guss verrühren. Die Taler zur Hälfte hineintauchen und je1 Schokobohne in die flüssige Glasur drücken. Auf einem Kuchengitter trocknen lassen

» Das feine Gebäck passt gleichermaßen zu Espresso, Cappuccino, Latte macchiato oder dem guten alten Filterkaffee. Stapelweise in Zellophantütchen verpackt sind sie ein klasse Geschenk für Kaffeefans

Schnelle Walnussflöckchen

Für ca. 40 Stück
90 g kalte Butter
150 g Mehl
60 g gemahlene Walnüsse
1 Msp. Backpulver
75 g Zucker
1 Eigelb
Puderzucker zum Bestäuben
Backpapier fürs Blech

> Die Butter in Stückchen teilen. Mehl, Nüsse, Backpulver und Zucker mischen. Mit Eigelb und den Butterstückchen rasch zu einem glatten Teig verkneten. Den Teig in Frischhaltefolie wickeln und 30 Min. kühlen stellen.

> Den Backofen auf 180 °C (Umluft 160 °C) vorheizen. Ein Backbleche mit Backpapier belegen. Aus dem Teig walnussgroße Kugeln formen. Mit etwas Abstand aufs Blech setzen und mit einer Gabel etwas flach drücken. Dabei die Gabel immer wieder in Mehl tauchen. Die Flöckchen im Ofen (Mitte) in ca. 12 Min. zartgelb backen. Mit dem Papier vom Blech ziehen und abkühlen lassen. Dick mit Puderzucker bestäuben.

» Für zusätzliches Aroma etwas Zimt oder zerdrücktes Instant-Kaffeepulver unter den Puderzucker mischen.

Schoko-Vanille-Cookies

Für ca. 30 Stück
- 125 g weiche Butter
- 125 g brauner Zucker
- 2 Päckchen Bourbon-Vanillezucker
- 1 Prise Salz
- 1 Ei
- 175 g Mehl
- 1 TL Backpulver
- 125 g Schokotröpfchen
- Backpapier fürs Blech

> Den Backofen auf 180° (Umluft 160°) vorheizen. Ein Backblech mit Backpapier belegen. Die Butter mit Zucker, Vanillezucker und Salz schaumig schlagen. Das Ei einrühren. Mehl und Backpulver mischen. Mehlmischung und Schokotröpfchen in die Masse unterrühren.

> Mit einem angefeuchteten Teelöffel walnussgroße Teighäufchen abstechen und aufs Blech setzen. Etwas flach drücken. Im Backofen (Mitte) in ca. 12 Min. goldgelb backen. Mit dem Papier vom Blech ziehen und abkühlen lassen.

» Diese schnell gerührten Cookies schmecken auch mit gehackter Minzschokolade, mit Mandel- oder Nusssplittern. Lecker ist auch ein Mix aus weißer Schokolade und ungerösteten Erdnüssen. Statt Vanille bringt auch 1 TL abgeriebene Bio-Orangenschale Aroma in den Teig.

Bratapfel-Kekse

Für ca. 30 Stück
- 30 g Rosinen
- 2 EL Mandellikör
- 2 rotschalige Äpfel
- 150 g weiche Butter
- 30 g Mandelstifte
- 1/4 TL Zimt
- 100 g brauner Zucker
- 1 Ei
- 150 g Mehl
- 1 TL Backpulver
- Puderzucker zum Bestäuben
- Backpapier fürs Blech

> Die Rosinen mit dem Likör mischen und beiseitestellen. Die Äpfel waschen und trocknen. Mit Schale vierteln und entkernen. Die Viertel in kleine Würfel schneiden. 1 EL Butter erhitzen und die Apfelwürfelchen und Mandeln darin anbraten. Mit Zimt bestäuben und abkühlen lassen.

> Den Backofen auf 180 °C (Umluft 160 °C) vorheizen. Zwei Backbleche mit Backpapier belegen. Die restliche Butter mit dem Zucker schaumig schlagen. Das Ei einrühren. Mehl und Backpulver mischen. Mit den Rosinen samt Likör und dem Apfelmix unter die Buttermasse rühren. Mit zwei angefeuchteten Teelöffeln ca. 30 runde Häufchen mit ausreichend Abstand aufs Blech setzen. Die Plätzchen im Ofen (Mitte) in ca. 15 Min. goldbraun backen. Mit dem Papier vom Blech ziehen und kurz abkühlen lassen.

> Die Plätzchen noch warm mit Puderzucker bestäuben und auf einem Kuchengitter auskühlen lassen.

Doppelschoko-Brownies – purer Genuss nicht nur für Schokofans

Doppelschoko-Brownies

- Den Backofen auf 180 °C (Umluft 160 °C) vorheizen. Eine quadratische Backform (ca. 21 x 21 cm) fetten und mit Mehl bestäuben. Die Zartbitterschokolade grob hacken und mit der Butter im heißen Wasserbad schmelzen lassen. Die weiße Schokolade klein hacken und beiseite stellen.
- Mehl, Backpulver und Zimt mischen. Eier mit Zucker, Vanillezucker und Salz dickschaumig aufschlagen. Flüssige Schokobutter, Mehlmischung und weiße Schokostückchen kurz unterheben. Den Teig in die Form füllen und im Ofen (Mitte) 20–25 Min. backen, bis die Oberfläche fest, das Innere aber noch weich und saftig ist. In der Form auskühlen lassen. In Würfel (3 x 3 cm) schneiden und mit Puderzucker bestäuben.
- **Und noch eins:** Sie stehen eher auf Blond? Für **Blondies** schmelzen Sie statt Zartbitterschokolade 125 g weiße Schokolade. Und statt der 100 g weißen Schokostückchen rühren Sie 100 g gehackte Trockenfrüchte (z.B. Aprikosen, Feigen, Datteln) in den Teig. Den braunen Zucker ersetzen Sie durch weißen und den Zimt durch 1 Päckchen Bourbon-Vanillezucker. Dann weiter wie beschrieben.

Für ca. 50 Stück
125 g Zartbitterschokolade
75 g Butter
100 g weiße Schokolade
125 g Mehl
1 TL Backpulver
1 TL Zimt
2 Eier
140 g brauner Zucker
1 Päckchen Vanillezucker
1 Prise Salz
Puderzucker zum Bestäuben
Fett und Mehl für die Form

» Echte Schokoholics überziehen den gebackenen Kuchen mit 100 g Vollmilchglasur und bestreuen ihn mit Mandelblättchen. Dann auskühlen lassen und in Würfel schneiden.

Kokos-Crisps

Für ca. 40 Stück
100 g weiche Butter
150 g brauner Zucker
1 Ei
150 g Mehl
1/2 TL Backpulver
75 g Kokosraspel
50 g grobe Haferflocken
5 EL Kokosmilch
Backpapier fürs Blech

> Die Butter mit 125 g Zucker schaumig schlagen. Das Ei einrühren. Mehl, Backpulver, 50 g Kokosraspel und die Haferflocken mischen. Die Mehlmischung unter die Buttermasse heben. Den Teig abgedeckt 2 Std. kühl stellen.
> Den Backofen auf 175 °C (Umluft 160 °C) vorheizen. Zwei Backbleche mit Backpapier belegen. 25 g Zucker und 25 g Kokosraspel mischen.
> Vom Teig walnussgroße Häufchen abnehmen und zu Kugeln formen. Die Oberseite der Kugeln mit Kokosmilch bestreichen und in den Kokoszucker drücken. Die Kugeln aufs Blech setzen und im Ofen (Mitte) in 12–15 Min. goldgelb backen. Mit dem Papier vom Blech ziehen und abkühlen lassen.

Marzipan-Mohn-Öhrchen

Für ca. 40 Stück
1 Rolle frischer Blätterteig (ca. 275 g, aus dem Kühlregal)
150 g Marzipanrohmasse
25 g Puderzucker + Puderzucker zum Arbeiten.
4–5 EL backfertige Mohnfüllung (Fertigprodukt)
Zucker zum Bestreuen
Backpapier fürs Blech

> Den Blätterteig entrollen. Marzipan und Puderzucker verkneten. Auf der mit Puderzucker bestäubten Arbeitsfläche zu einem Rechteck in Größe der Teigplatte (ca. 25 x 40 cm) ausrollen.
> Die Teigplatte mit der Mohnmischung bestreichen. Die Marzipandecke darauflegen und leicht andrücken. Den Teig von beiden Längsseiten aus zur Mitte hin eng aufrollen. Die Rolle 10 Min. kühl stellen.
> Inzwischen den Backofen auf 200 °C (Umluft 180 °C) vorheizen. Ein Backblech mit Backpapier belegen. Die Teigrolle in 1 cm dicke Scheiben schneiden und aufs Blech legen. Jedes Öhrchen mit etwas Zucker bestreuen und im Ofen (Mitte) in ca. 15 Min. goldbraun und knusprig backen. Mit dem Papier vom Blech ziehen und auskühlen lassen.

» Noch schneller sind Sie, wenn Sie statt Marzipanrohmasse und Puderzucker eine bereits fertig ausgerollten Marzipandecke (aus dem Backregal) verwenden.

Orientröllchen

Für ca. 50 Stück
120 g Butter
1 unbehandelte Orange
120 g brauner Rohrzucker
2 TL Zimt
1 TL gemahlener Kardamom
240 g Yufka-Teig (aus dem Kühlregal)
Kakao zum Bestäuben
Backpapier fürs Blech

- Den Backofen auf 200° (Umluft 180°) vorheizen. Ein Backblech mit Backpapier belegen. Die Butter schmelzen lassen. Die Orange heiß abwaschen, trocknen und die Schale dünn abreiben. Die Schale mit Zucker, Zimt und Kardamom in die flüssige Butter rühren.
- Die Yufka-Blätter auseinanderfalten und portionsweise in Dreiecke (9 cm Grundlinie, 15 cm Seitenlänge) schneiden. Die Dreiecke mit der Würzbutter bestreichen und von der Grundlinie her aufrollen. Aufs Blech legen. Im Ofen (Mitte) 8–10 Min. backen. Mit dem Papier vom Blech ziehen und abkühlen lassen. Mit Kakao bestäuben.

Tipp

Yufka-Teig

Yufka- oder Fillo-Teig ist eine Art orientalischer Strudelteig. Der dünne Teig aus Weizenmehl, Wasser und Salz wird in der türkischen und griechischen Küche für süße wie für pikante Backwaren verwendet. Er lässt sich wunderbar füllen und bäckt schön knusprig. Mittlerweile wird er auch in vielen deutschen Haushalten verwendet. Sie finden ihn in jedem gut sortierten Supermarkt im Kühlregal und natürlich im türkischen Lebensmittelladen.

Haferhäufchen

Für ca. 30 Stück
150 g Butter oder Margarine
150 g zarte Haferflocken
125 g Dinkelvollkornmehl
80 g Rohrzucker
5 EL Honig
1 EL frisch gepresster Zitronensaft
Sahne oder Milch nach Bedarf
100 g dunkle Schokoglasur
Backpapier fürs Blech

- 120 g Butter schmelzen und abkühlen lassen. 30 g Butter in einer Pfanne erhitzen. Die Haferflocken darin rösten, bis sie duften. Vom Herd nehmen. Den Backofen auf 190 °C (Umluft 170 °C) vorheizen. Ein Backblech mit Backpapier belegen.
- Flocken, Mehl, Zucker, Honig, Zitronensaft und die flüssige Butter zu einem glatten Teig verkneten. Ist der Teig sehr bröselig etwas Sahne unterkneten. Mit zwei Teelöffeln kleine Häufchen aufs Blech setzen und im Ofen (Mitte) 8–10 Min. backen. Mit dem Papier vom Blech ziehen und vollständig abkühlen lassen.
- Die Schokoglasur nach Packungsangabe erwärmen und die Häufchen damit überziehen. Trocknen lassen.

» Bei diesen knusprigen Keksen können auch viele Allergiker zugreifen. Tauschen Sie das Mehl bei Bedarf noch gegen glutenfreie Backmischung und die Sahne gegen Wasser.

Köstliches Konfekt

Sweets for my sweet – nicht nur Ihrem Liebsten werden die Pralinchen schmecken, da werden auch alle anderen schwach. Fein-fruchtig, nussig oder mit knackigem Biss – die kleinen Köstlichkeiten schmecken zum Espresso nach dem Essen, zu einem Tässchen Tee oder einfach zwischendurch. Geschwind gemacht und nett verpackt, sind sie ein edles Geschenk für Genießer. Außerdem: Für unser Konfekt brauchen Sie nur wenig Zeit – und nicht mal einen Ofen!

Getrocknete Aprikosen, Grundzutat für die Spanischen Aprikosen.

Spanische Aprikosen

Für ca. 25 Stück
25 Mandeln
125 g Blockschokolade
25 schöne getrocknete Aprikosen (ungeschwefelt)
Backpapier

- Die Mandeln mit heißem Wasser übergießen, kurz ziehen lassen und aus den Schalen drücken. Die Mandelkerne trockentupfen. Die Schokolade grob hacken und über dem heißen Wasserbad schmelzen lassen.
- Auf jede Aprikose eine Mandel legen. Aprikose und Mandel mit Daumen und Zeigefinger festhalten und zusammen bis zur Hälfte in die flüssige Schokolade tauchen. Auf Backpapier trocknen lassen.

Marzipan-Orangen-Nüsse

Für ca. 25 Stück
50 g gehacktes Orangeat
100 g Marzipanrohmasse
50 g Puderzucker
50 Walnusshälften (ca. 100 g)
1 EL Orangenlikör
50 g Schokoladenglasur
Backpapier

- Die Orangeatwürfelchen ganz fein hacken. Mit Marzipan, Puderzucker und Likör verkneten. Aus der Masse 25 kleinen Kugeln formen. Jede Kugel zwischen zwei Walnusshälften legen und festdrücken.
- Die Schokoglasur nach Packungsangabe erwärmen. Die Pralinen etwa zu einem Viertel hineintauchen, sodass die Spitzen der Walnüsse mit Schokolade überzogen sind. Auf Backpapier setzen und gut trocknen lassen.

Kaffeekonfekt

Für ca. 25 Stück
20 g Kaffeebohnen
200 g Marzipanrohmasse
2 EL Whiskylikör
25 g Zucker
175 g Vollmilchkuvertüre
Puderzucker zum Arbeiten
Öl für das Blech

- Die Kaffeebohnen im Mörser grob zerstoßen. 15 g mit Marzipan und dem Likör verkneten. Auf wenig Puderzucker ca. 1 cm dick ausrollen und in 25 rechteckige Stücke schneiden. Die Pralinen kühl stellen.
- Ein Backblech mit Öl bepinseln. Den Zucker mit 1 EL Wasser in einer beschichteten Pfanne erhitzen und goldgelb karamellisieren lassen. Dabei nicht rühren. Die restlichen Kaffeebohnen einrühren. Die Masse aufs Blech gießen und dünn verstreichen. Abkühlen lassen, dann grob zerstoßen.
- Die Kuvertüre hacken. Über dem heißen Wasserbad schmelzen und kurz abkühlen lassen. Die Pralinen damit überziehen. Auf Backpapier setzen und jeweils mit etwas Kaffeekrokant verzieren. Gut trocknen lassen.

Gebrannte Weihnachtsmandeln

Für ca. 200 g
100 g Zucker
1 TL Vanillezucker
1/2 TL Zimt oder Lebkuchengewürz
100 g Mandeln

> Zucker, Vanillezucker, Zimt und 4 EL Wasser in einem Topf aufkochen, bis der Zucker geschmolzen ist. Die Mandeln zugeben. Bei mittlerer Hitze rühren, bis sie rundum mit Karamell überzogen sind und der Zucker bröselig wird. Weiterrühren, bis der Karamell wieder flüssig wird.
> Die Mandeln auf einen Bogen Alufolie gießen und sofort mit einer Gabel trennen. Auskühlen lassen.
> **Und noch eins**: Für **Gewürznüsse** den Karamell mit 1/2 TL Zimt und je 1/4 TL Chilipulver, gemahlenen Ingwer und Kardamom zubereiten. 100 g Nusskernmischung einrühren und wie beschrieben fortfahren.

Ein Klassiker, der ganz schnell gezaubert ist: gebrannte Mandeln.

Feurige Mandelsplitter

Für ca. 25 Stück
100 g Zartbitterschokolade
20 g Butter
1 Msp. Cayennepfeffer
2 EL brauner Zucker
100 g Mandelstifte
Backpapier

> Die Schokolade in Stücke brechen. Mit der Butter über dem heißen Wasserbad schmelzen lassen. Den Cayennepfeffer unterrühren. Ein Backblech mit Backpapier belegen.

> Den Zucker in einer beschichteten Pfanne schmelzen lassen. Die Mandelstifte einstreuen und kurz anrösten. Sofort unter die flüssige Chili-Schokolade heben. Von der Schokomasse mit zwei Teelöffeln kleine Häufchen abnehmen und aufs Blech setzen. 2–3 Std. kühl stellen.

Knusperzauber

Für ca. 50 Stück
200 g Vollmilchkuvertüre
20 g Butter
1/2 TL abgeriebene Bio-Orangenschale
1 Msp. Lebkuchengewürz
100 g Cornflakes
Backpapier

> Die Kuvertüre grob hacken. Mit der Butter über dem heißen Wasserbad schmelzen lassen. Orangenschale und Lebkuchengewürz unterrühren. Ein Backblech mit Backpapier belegen.

> Die Cornflakes unter die flüssige Kuvertüre heben, dabei leicht zerdrücken. Von der Schokomasse mit zwei Teelöffeln kleine Häufchen abnehmen und aufs Blech setzen. 2–3 Std. kühlen.

» Umhüllen Sie die Cornflakes zur Abwechslung mit Zartbitterkuvertüre oder mit Ihrer Lieblingsschokolade. Auch das Lebkuchengewürz können Sie gegen Vanille, Zimt oder andere Gewürze tauschen. Dieses Konfekt dürfen auch viele Allergiker genießen. Wenn Sie auf Gluten achten müssen, verwenden Sie glutenfreie Flakes. Lagern Sie das Konfekt am besten offen, sonst werden die Flakes schnell weich.

Hausgemachte Kuchen im Glas sind ein originelles Mitbringsel oder Geschenk.

Minztrüffel

Für ca. 35 Stück
125 g Sahne
3 EL Zucker
2 Beutel Pfefferminztee
je 150 g Vollmilch- und Zartbitterkuvertüre
75 g Butter
Papier-Pralinenförmchen

- Die Sahne mit dem Zucker erhitzen. Die Teebeutel in die heiße Sahne hängen und zugedeckt 10 Min. ziehen lassen.
- Die Kuvertüre und die Butter grob hacken. Die Teebeutel herausnehmen und gut ausdrücken. Die Sahne nochmals erhitzen. Kuvertüre und Butter darin schmelzen. Die Schokomasse in eine Rührschüssel füllen und ca. 4 Std. kühlen, bis sie fest wird.
- Die Masse mit dem Handrührgerät cremig aufschlagen. Die Creme in einen Spritzbeutel mit großer Sterntülle füllen und kleine Trüffel in die Pralinenförmchen spritzen.
- **Und noch eins**: Diese Trüffel entspannen mit ihrer Minze gestresste Weihnachtsmägen. Nach diesem Rezept können Sie auch **Vanilletrüffel** zubereiten. Dafür statt Tee das Mark von 1 Vanilleschote und 1 Päckchen Bourbon-Vanillezucker mit dem Zucker in die Sahne rühren. Ziehen lassen und statt der dunklen Kuvertüre 300 g weiße Kuvertüre in der Sahne schmelzen. Weiter wie beschrieben.

Heinerle

Für ca. 45 Stück
75 g Zartbitterschokolade
125 g Kokosfett
125 g brauner Zucker
1 Päckchen Vanillezucker
1/2 TL Zimt
2 Eier
6 eckige Oblaten (120 x 200 mm)

- Die Schokolade grob hacken. Das Kokosfett bei schwacher Hitze in einem Topf schmelzen lassen. Zucker, Vanillezucker, Zimt, Eier und die Schokostückchen einrühren. Die Mischung unter Rühren bei mittlerer Hitze fast bis zum Kochen bringen. Den Topf vom Herd nehmen und die Masse abkühlen lassen, bis sie streichfähig ist.
- Eine rechteckige Form (ca. 12 x 20 cm) mit einem großen Bogen Frischhaltefolie auslegen, die Enden über den Rand hängen lassen. 1 Oblate in die Form legen, 2–3 EL Schokomasse daraufstreichen und mit einer Oblate abdecken. Diesen Vorgang wiederholen, bis alle Zutaten verbraucht sind. Mit einer Oblate abschließen.
- Die Folie über dem Oblatenblock zusammenklappen und mit einem Buch beschweren (so wellt sich die oberste Oblate nicht). Den Oblatenblock 8 Std. oder über Nacht kühl stellen. Dann mit einem scharfen Messer in 2 cm große Rauten schneiden.

Gebackene Geschenke

Selbstgemachtes kommt von Herzen. Das gilt besonders für die mit viel Liebe gebackenen Köstlichkeiten aus der hauseigenen Backstube. Verschenken Sie Ihre Spezialitäten also ruhig! Wenn die Geschenkideen fürs Fest gerne mal ausgehen, entfalten solche Geschenke einen ganz besonderen Charme. So freut sich Opa über ein selbst gebackenes Früchtebrot, die Nachbarin über einen weihnachtlich verpackten Riesenkeks und die beste Freundin über ihren Lieblingskuchen als Backmischung im Glas. Hier ein paar Vorschläge, wie Sie mit ganz wenig Aufwand kleine Überraschungen zaubern können.

Kleine Brote backen

Mini-Stollen: Backen Sie Stollen und Früchtebrot einfach im Mini-Format. Dafür halbieren oder vierteln Sie die Rezepte der Seiten 37–40. Achtung: Verkürzen Sie die Backzeiten etwas, sonst werden die Mini-Brote zu hart. Hübsch in Zellophanfolie verpackt, können die Brote bis zum Verschenken noch in Ruhe durchziehen.
Mini-Früchtekuchen: Auch der Teig für saftigen Früchtekuchen (siehe Seite 46) lässt sich gut in rechteckige Mini-Cake-Papierbackformen portionieren. Mini-Cake-Papierförmchen gibt es im gut sortierten Fachhandel oder übers Internet (siehe Seite 156).

Witzig verpackt

Ab in die Tüte: Plätzchen und Konfekt sehen sehr dekorativ in Zellophantüten aus. Gerade zur Weihnachtszeit gibt es die Tütchen mit weihnachtlichen Motiven bedruckt. Größere Plätzchen und Lebkuchen lassen sich in den Tüten wunderbar stapeln. Um Ihre fertig gefüllte Gebäcktüte binden Sie noch eine Schleife und einen handgeschriebenen Anhänger mit dem Gebäcknamen. Auf der Rückseite ist sogar noch Platz für die Zutaten.
Dekoratives mit Inhalt: Wer etwas mehr schenken möchte, kann Selbstgebackenes und Konfekt auch in dekorative Gläser, Dosen, Schachteln oder eine edle Bonbonniere füllen.
Tassenkekse: Ganz im Trend liegen Sie mit selbst gebackenen Tassenkeksen in Engelsflügel- oder anderen Formen. Sie lassen sich wunderbar an Kaffeebecher hängen und freuen alle Fans heißer Getränke. Für solche Kekse eignet sich klassischer Buttergebäckteig (siehe Seite 71) am besten. Wer im Büro arbeitet, ist bestimmt entzückt über einen mit Tassenkeksen befüllten Kaffeebecher.

Aus dem Glas

Das Backen im Glas ist eine sehr alte Konservierungsmethode – und zur Zeit wieder richtig trendy. Kein Wunder, die handlichen Kuchen sind im Nu gebacken und als kleines Geschenk oder Mitbringsel immer eine gelungene Überraschung. Sie brauchen dafür nur Sturzgläser in der Größe Ihrer Wahl (siehe Seite 156). Hier ein feiner Schokokuchen, aber Sie können natürlich auch jeden anderen Rührteig in den Gläsern backen, z.B. die von den Seiten 49 und 50. Achten Sie jedoch darauf, dass die Gläser nur zu maximal zwei Dritteln mit Teig gefüllt sind.

Schokokuchen im Glas

Für 3 Kuchen à 750 ml
150 g weiche Butter
150 g Zucker
1 Päckchen Vanillezucker
2 Eier
50 g zarte Haferflocken
150 g Sauerrahm (saure Sahne)
200 g Mehl
2 1/2 TL Backpulver
5–6 EL Milch
120 g Zartbitter-Schokostreusel
Fett und Semmelbrösel für die Gläser

- Drei Sturzgläser (à 750 ml Inhalt) fetten und mit Bröseln ausstreuen. Die Gummiringe in kaltes Wasser legen. Den Backofen auf 180° (Umluft 160°) vorheizen.
- Die Butter mit Zucker und Vanillezucker schaumig schlagen. Die Eier einzeln einrühren. Haferflocken und Sauerrahm unterziehen. Das Mehl mit Backpulver mischen und mit der Milch unterrühren. Die Schokoflocken unterheben.
- Den Teig in die Gläser füllen. Die Gläser dabei nur zu zwei Dritteln füllen. Im Ofen (unten) ca. 50 Min. backen. Herausnehmen. Die Gummiringe und Deckel auf die heißen Gläser legen. Mit Klammern verschließen. Den Kuchen zum Servieren mit einem Messer vom Rand lösen und aus dem Glas stürzen.

» Kuchen im Glas ist rund 3 Monate haltbar. Die Schokostreusel können Sie beliebig austauschen. Schön karamellig schmecken die Minikuchen mit 120 g gehackten Sahne-Toffees, fruchtig mit 120 g gehackten Geleefrüchten.

Gebackene Grüße

Weihnachtsgrüße im Keksformat kommen immer gut an. Backen Sie dafür flache Kekse mit ca. 10 cm Ø. Perfekt eignen sich dafür die Schoko-Vanille-Cookies (siehe Seite 142, ergibt 10 Stück). Aber auch für Lebkuchenteig (siehe Seite 65–67) gibt es Oblaten mit 10 cm Ø. Die fertigen Kekse oder Lebkuchen stecken Sie einzeln in CD-Hüllen aus Papier. Jetzt schneiden Sie noch Banderolen (5 x 14 cm) aus farbigem Papier und beschriften diese mit Ihren Grüßen. Die Banderolen kleben Sie so auf die Hüllen, dass der Sichtausschnitt zur Hälfte bedeckt ist. Für die Beschriftung wählen Sie einen Lackstift in einer Kontrastfarbe. Über solch eine kleine, selbst gebackene Aufmerksamkeit freuen sich die Nachbarn, der Postbote oder die Kollegen. Und Sie werden Ihre Weihnachtsgrüße mal ganz anders los.

Gebackene Duftanhänger – weihnachtlicher Duft für Baum und Raum

Geschwind geschichtet – Backmischungen

Sie suchen etwas Ausgefallenes? Sehr persönlich soll es sein – und wenig Arbeit soll es auch machen. Wie wäre es denn mit einer hausgemachten Backmischung für Brownies? Dafür füllen Sie die einzelnen Zutaten einfach übereinander in ein dekoratives Glas. Wie von Zauberhand ergibt sich dabei ein schickes Schichtmuster. Vielleicht ergänzen Sie Ihre Backmischung ja mit der passenden Backform zum Set. Darüber freuen sich besonders Backanfänger, deren Küche noch nicht so perfekt ausgestattet ist.
Für die Doppelschoko-Brownies (siehe Seite 143) müssen Sie noch die Zartbitterschokolade grob raspeln, die anderen Zutaten sind schon fertig. Jetzt nacheinander Zucker, weiße Schokostückchen, Zimt, Mehl, Backpulver und Zartbitterraspel ins Glas füllen. Verschließen und die Backanleitung schreiben: „125 g weiche Butter oder Margarine schaumig schlagen. Die Eier einzeln einrühren. Alle Zutaten aus dem Glas unterheben. Den Teig in eine gefettete Backform (ca. 21 x 21 cm) füllen und im vorgeheizten Backofen bei 180° (Mitte, Umluft 160°) 20–25 Min. backen. Leicht abgekühlt in Stücke schneiden.“ Die Anleitung aufrollen und mit einer schönen Schleife am Glas befestigen.

Gebackener Baumschmuck

Weihnachtsplätzchen schmecken nicht nur lecker, sie verwandeln sich im Nu auch in witzige Anhänger für den Adventskranz oder den Christbaum. Die machen als Geschenk richtig Eindruck! Klassiker am Baum sind Lebkuchen und Springerle an bunten Bändern (siehe Seite 55 und 134). Die beiden können Sie pur oder hübsch bemalt verschenken. Aber auch ausgestochenes Buttergebäck (siehe Seite 71), Spritzgebäckkringel (siehe Seite 85) oder Brezeln (siehe Seite 103) sehen nett aus. Stechen Sie vor dem Backen mit einem Holzstäbchen Löcher für die Bänder in die Teiglinge.

Tipp

Punschessenz

Auch die gehaltvolle Essenz ist ein prima Geschenk. Ein Schuss davon verwandelt Wein oder Tee im Nu in würzigen Punsch. Für ca. 500 ml die Schale von 5 Bio-Orangen und 1 Bio-Zitrone hauchdünn in einem Stück abziehen. Die Schalen mit 250 g Zucker, 1 Zimtstange, 4 Nelken und dem Mark von 1 Vanilleschote mischen. Mit 500 ml Rum übergießen und zugedeckt 24 Std. ziehen lassen. Die Essenz durch ein Sieb in eine Flasche füllen. Im Verhältnis 1 : 4 in heißen Wein oder Tee mischen.

Duftanhänger für den Baum

- Das Apfelmus mit Zimt und Lebkuchengewürz verkneten. So viel Mehl unterkneten, dass ein fester, gut formbarer Teig entsteht (Die Menge richtet sich danach, wie flüssig das Apfelmus ist). Den Teig 1 Std. kühl stellen.
- Ein Backblech mit Backpapier belegen. Den Teig auf der Arbeitsfläche knapp 1 cm dick ausrollen und Plätzchen ausstechen. Aufs Blech legen und mit einem Holzstäbchen in jeden Keks ein kleines Loch zum Aufhängen stechen. Die Anhänger ca. 2 Tage trocknen lassen, dabei alle 12 Std. wenden. Durch jeden Keks ein Band ziehen und zum Aufhängen verknoten.

Für ca. 30 Stück
200 g Apfelmus (selbst gemacht oder gekauft)
30 g Zimt
40 g Lebkuchengewürz
ca. 2 EL Mehl
Backpapier fürs Blech
verschiedene Plätzchenausstecher
bunte Bänder

» Für diesen duftenden Baumschmuck können Sie Ihre restlichen Weihnachtsgewürze aufbrauchen, denn die Würzmischung lässt sich ganz nach Geschmack und Vorrat variieren. Rollen Sie den Teig nicht auf Mehl aus – es hinterlässt unschöne weiße Schleier. Alternativ zu den Keksen können Sie den Teig auch zu bleistiftdicken Rollen formen und zu Brezeln schlingen. Wenn der Duft nachlässt, einfach mit einem Tröpfchen Duftöl neu beduften.

Service

Zum Weiterlesen

Beutner, Brigitte: Gewürze aus aller Welt in Garten und Küche. Verlag Eugen Ulmer, Stuttgart 2006
Knittel, Elke / Maurer, Rolf: Weihnachtsgebäck. Traditionsrezepte aus Baden-Württemberg. Verlag Eugen Ulmer, Suttgart 2007
Thiedig, Frank / Riedel, Andreas: Deutschlands kulinarisches Erbe. ars vivendi verlag, Cadolzburg 1998

Tipps im Netz

www.aid.de
Unter dem Stichwort „Gesundheit" gibt's hier viel Information rund um das Thema Lebensmittelallergie.
www.hoppsala.de
Allergiker finden hier wertvolle Infos, Tauschtipps und unter dem Stichwort „Ernährung" einige Basisrezepte für Weihnachtsgebäck.
www.was-wir-essen.de
Unter dem Stichwort „Ernährungsinfos" finden Sie hier Informationen zu ernährungsbedingten Krankheiten mit praktische Tipps für den täglichen Alltag. Unter dem Stichwort „Allergie" bietet die Seite auch einige Rezepte für Weihnachtsgebäck.

Bezugsquellen

Gewürze:
Die für unsere Rezepte verwendeten Gewürze erhalten Sie im Lebensmitteleinzelhandel oder im Internet, z.B. bei www.gewuerzkarawane.de.

Backzubehör:
Allerlei nützliches Backzubehör wie Backformen, Mini-Cake-Papierformen, Plätzchenausstecher, Dekoartikel und mehr gibt's im gut sortierten Haushaltswarengeschäft, im Supermarkt sowie übers Internet, z.B. bei www.backfun.de oder www.staedter.de oder beim
Hobbybäcker-Versand
Am Mühlholz 6
89287 Bellenberg
www.hobbybaecker.de

Dekoration:
Speisegold und -silber zum Dekorieren und Verzieren können Sie beziehen bei www.ambienti.de. Diese Seite bietet auch viele Beispiele und Ideen rund ums Verzieren von Gebäck.

Lebkuchenglocke:
Die Lebkuchenglocke bekommen Sie nur direkt ab Hersteller:
Herbert Seifert
Unternesselbach 13
91413 Neustadt/Aisch
Telefon 09164/640
Fax 09164/995445

Weckgläser:
Weck-Sturzgläser für Kuchen im Glas führt in der Regel jedes Haushaltswarengeschäft. Unter www.weck.de können Sie die Gläser auch übers Internet beziehen.

Register

Bildquellen

Deutsche Zöliakie-Gesellschaft e.V. /© Coeliac UK: Seite 25
fotolia: Seite 10 und U2 (unten), 21 und vordere Klappe innen, 110 und U4 (rechts) und hintere Klappe innen / Martin Schmid: 6, Bilderbox: 22, William Giakas: 23, Maxi: 26, Tomo Jesenicnik: 75, Wili Hofer: 81, UK: 99, Rudolf Schmidt: 122, photo25th: 131, Patrizier-Design: 136, Stephen Bonk: 140, Gabriele Rohde: 148
istockphoto: Seite 8/9 und vordere Klappe außen, 19, 29, 34/35 und 47, 64, 95, 126, 143 und hintere Klappe außen, 155 und U4 innen / Rosemary Buffoni: 17, Alexander Shalamov: 32, Ian Francis: 36, Maria Gerasimenko: 54, sumnersgraphicsinc: 63, Alexander Raths: 68/69, MH: 78, Iraida Bassi: 88/89, Fanelie Rosier: 90, Waltraud Ingerl: 112, Marie Fields: 120/121, Brain Goodman: 138/139 und 128, Katarzyna Maßecka: 146
Maurer, Rolf: Seite 133
photolibrary / Angelika Antl: Seite 50
Teubner Foodfoto: Seite 14, 28, 40, 43, 52/53, 59, 60, 67, 70, 77, 84, 93, 106, 115, 104/105 und 116, 151
Volk, Fridhelm: Seite 1 und U4 (links), 44 und U2 (oben), 48

Titelfoto: Stockfood / Foodcollection

Die in diesem Buch enthaltenen Empfehlungen und Angaben sind von der Autorin mit größter Sorgfalt zusammengestellt und geprüft worden. Eine Garantie für die Richtigkeit der Angaben kann aber nicht gegeben werden. Autorin und Verlag übernehmen keinerlei Haftung für Schäden und Unfälle.

Bibliografische Information der Deutschen Nationalbibliothek
Die Deutsche Nationalbibliothek verzeichnet diese Publikation in der Deutschen Nationalbibliografie; detaillierte bibliografische Daten sind im Internet über http://dnb.d-nb.de abrufbar.

Wollgrasweg 41, 70599 Stuttgart (Hohenheim)
E-Mail: info@ulmer.de
Internet: www.ulmer.de
Lektorat: Anke Ruf, Helen Haas
Herstellung: Thomas Eisele
Umschlagentwurf und Layout: red.sign, Anette Vogt, Stuttgart
Druck und Bindung: Westermann Druck, Zwickau
Printed in Germany

ISBN 978-3-8001-5853-9